Frank Motte / Stefan Schlawien

Die GmbH & Co. KGaA

Eine interessante Rechtsform
mittelständischer Unternehmen

Frank Motte / Stefan Schlawien

Die GmbH & Co. KGaA

Eine interessante Rechtsform
mittelständischer Unternehmen

Projektleitung: Franziska Kelting-Büttner
Abteilung: Unternehmensführung und -organisation
RKW, Eschborn

Dieses Projekt wurde mit Mitteln des BMWi gefördert.

© 2001 Alle Rechte vorbehalten

RKW - Verlag

Düsseldorfer Straße 40
65760 Eschborn

RKW-Nr. 1411
ISBN 3-89644-158-2
Layout und Druck: RKW, Eschborn

Inhaltsverzeichnis

		Seite
	Vorwort	7
1	**Eine neue Rechtsform für mittelständische Unternehmen: GmbH & Co. KGaA**	**9**
1.1	Einführung	9
1.2	Die GmbH & Co. KGaA im Kurzüberblick	10
1.3	Die Struktur einer GmbH & Co. KGaA	12
2	**Vor- und Nachteile der GmbH & Co. KGaA als Rechtsform für KMUs**	**14**
2.1	Führungsstrukturen	14
2.2	Kapitalbeschaffung	14
2.2.1	Kapitalbedarf der KMUs	14
2.2.2	Quellen der Kapitalbeschaffung	17
2.2.3	Der Börsengang der GmbH & Co. KGaA	19
2.2.4	Mitarbeiterbeteiligung	21
3	**Ist die GmbH & Co. KGaA die richtige Rechtsformwahl für ein KMU?**	**26**
3.1	Was ist eine GmbH & Co. KGaA?	26
3.2	Aufbau und Struktur der GmbH & Co. KGaA - Übersicht über die bei der GmbH & Co. KGaA beteiligten Rechtsformen	28
3.2.1	Die Kommanditgesellschaft (KG)	28
3.2.2	Die Gesellschaft mit beschränkter Haftung (GmbH)	29
3.2.3	Die Aktiengesellschaft (AG)	30
3.2.4	Die Kommanditgesellschaft auf Aktien (KGaA)	32
3.2.5	Die GmbH & Co. KG	33
3.3	Zusammenfassung	34
3.4	Die KGaA als Vergleich: Anwendbares Recht, Vor- und Nachteile	34
3.4.1	Vorteile der KGaA	35
3.4.2	Nachteile	37

3.5	Die GmbH & Co. KGaA	38
3.5.1	Allgemeines	38
3.5.2	Kerngehalt der BGH-Entscheidung	39
3.5.3	Vorteile der GmbH & Co. KGaA aus rechtlicher Sicht	39
4	**Steuerliche Aspekte**	**42**
4.1	Ertragssteuerliche Behandlung	42
4.2	Erbschaftssteuerliche Behandlung	43
5	**Zusammenfassung**	**44**
6	**Vergleich der Rechtsformen**	**45**
	Literaturverzeichnis	48

Vorwort

Die Suche nach einer geeigneten Rechtsform für die zukunftsgerichtete Unternehmenssicherung, auch unter dem Gesichtspunkt einer Unternehmer-Nachfolgeregelung, ist eine ständig zu überdenkende Entscheidung der Unternehmer. Wichtig neben den rechtlichen und steuerlichen Überlegungen sind insbesondere auch Einflußnahme der Kapitalgeber und die Einbindung der Mitarbeiter. Ebenso ist die Möglichkeit zur Gewinnung von Wachstumskapital zu berücksichtigen.

In diesem Zusammenhang ist die derzeit noch seltene Rechtsform der GmbH & Co. KGaA zu betrachten, da sie viele Vorteile für Unternehmer in sich vereint und sogar schon als „Unternehmer-AG" bezeichnet wurde. Prominente Beispiele wie Bogner oder Nolte-Küchen haben sich für diese Form entschieden, andere mittelständische Unternehmen sind sogar schon börsennotiert.

In der Schriftenreihe „Neue Rechtsformen für mittelständische Unternehmen" liegt nun die GmbH & Co. KGaA vor. Wie schon in den anderen Bänden dieser Reihe „Mittelstandsholding und kleine AG" werden die Vorgehensweise bei der Gestaltung einer GmbH & Co. KGaA sowie die Vor- und Nachteile präzise beschrieben. Außerdem werden die Möglichkeiten, die diese Rechtsform bietet, z.B. bei einer anstehenden Unternehmensnachfolge oder bei der Zuführung von Eigenkapital, ausführlich erläutert. Ein Vergleich der Rechtsformen GmbH & Co. KGaA, GmbH und AG runden die Darstellung ab.

Durch die auf diesem Gebiet vielfältigen, praktischen Erfahrungen der Autoren, Frank Motte, Motte Consult AG, Gerlingen und Dr. Stefan Schlawien, Kanzlei Schlawien - Naab, Rechtsanwälte, Steuerberater, München, Frankfurt a.M., Düsseldorf, Berlin, Leipzig, ist ein praxisorientierter Leitfaden entstanden.

Der besondere Dank gilt Herrn Christian Fath, der maßgeblich an der Erarbeitung der Schrift mitgewirkt hat.

RKW, Eschborn, September 2000

1 Eine neue Rechtsform für mittelständische Unternehmen: GmbH & Co. KGaA

1.1 Einführung

Neben der Kleinen AG und der Mittelstandsholding ist in letzter Zeit eine neue Rechtsform verstärkt in das Blickfeld der Öffentlichkeit gerückt: Der Bundesgerichtshof - BGH - hat durch Beschluß vom 24.02.1997 dieser innovativen, aber bislang wenig genutzten Unternehmensform zum rechtlichen Durchbruch verholfen.

Der Beschluß bezüglich der Zulässigkeit der GmbH & Co. KGaA als Rechtsform könnte als Startschuß für eine neue Generation von Unternehmensgründungen und Rechtsformwechseln gesehen werden. Besonders kleine und mittlere Unternehmen (KMU), deren Unternehmensnachfolge zu regeln ist oder denen zusätzliches Eigenkapital mit oder ohne Börsengang zugeführt werden soll, könnten von dieser Rechtsform provitieren. Immerhin stehen in den nächsten 5 Jahren bis zu 400.000 Unternehmen zur Übergabe an einen potentiellen Nachfolger an.

Eine zwingende persönliche Haftung eines vollhaftenden Komplementärs wie bei einer klassischen KGaA ist nicht mehr gegeben. Es wird an dessen Stelle eine GmbH & Co. als vollhaftender Komplementär eingesetzt und damit das Haftungsrisiko begrenzt. Der Einfluß des Unternehmers auf die Kontroll- und Verfügungsbefugnisse kann weiterhin durch den Eigentümer ausgeübt werden. Es findet keine solch weitreichende Öffnung und Publizität wie bei Gründung oder Umwandlung in eine Aktiengesellschaft statt. Die Unternehmensführung bleibt damit dem Eigentümer, trotz Gewinnung von neuem Kapital oder der Beteiligung von Mitarbeitern, weitestgehend erhalten. Die Aufgaben der unten beschriebenen Kontroll- und Aufsichtsratgremien beschränken sich auf wenige Mitspracherechte. Zudem sind die steuerlichen Vorteile gegenüber einer Aktiengesellschaft oder auch einer GmbH, abhängig von der individuellen Unternehmenskonstellation, häufig erheblich.

1.2 Die GmbH & Co. KGaA im Kurzüberblick

In der KG als Personengesellschaft besteht eine klar umrissene Gesellschafterstruktur: Haftung durch einen unbeschränkt und unbeschränkbar haftenden Komplementär sowie die nur mit ihrer Einlage haftenden Kommanditisten. Ebenso verhält es sich bei der KGaA, als Kapitalgesellschaft: Unbeschränkte Haftung des Komplementärs, keine Haftung der Mitaktionäre.

Die Kommanditaktiengesellschaft unterscheidet sich daher von der KG dadurch, daß sie eine Kapitalgesellschaft und keine Personengesellschaft ist. Für die Kommanditisten gilt das Aktienrecht und für Komplementäre das Recht der Kommanditgesellschaft. Während die Kommanditaktionäre lediglich mit ihrem eingelegten Kapital haften, haften der oder die Komplementäre wie bei der KG unbeschränkt und unbeschränkbar.

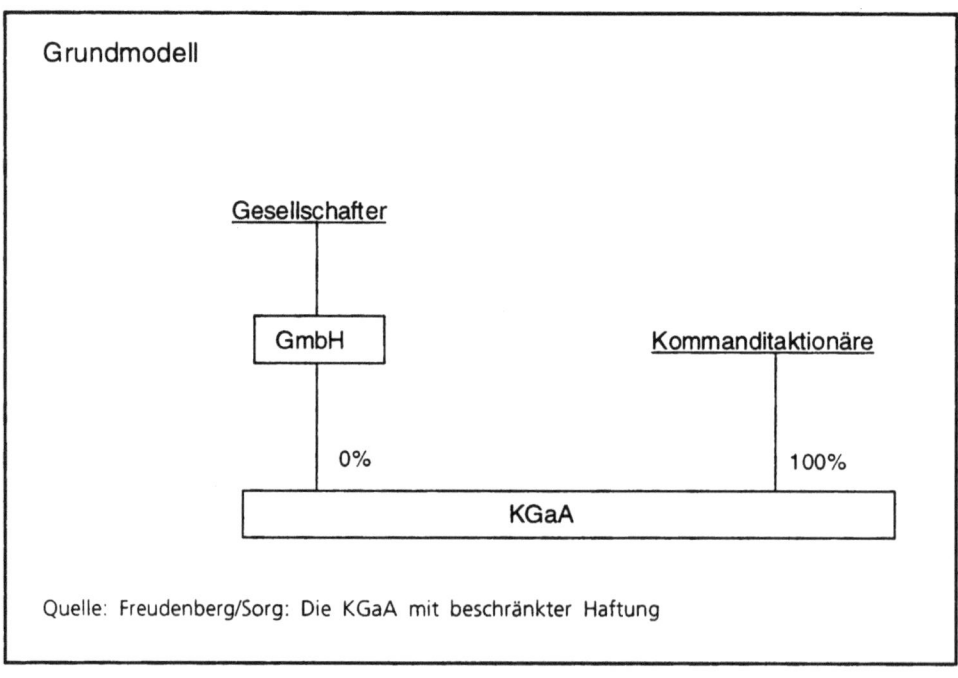

Bild 1: Die KGaA mit beschränkter Haftung

Die GmbH & Co. KG stellt eine Mischform zwischen GmbH und KG dar, die insbesondere durch ihre steuerlichen Vorteile eine häufige Rechtsform für mittelständische Unternehmen ist. Der vollhaftende Gesellschafter der KG ist eine GmbH. Die Haftung der GmbH & Co. KG ist somit im Ergebnis die einer GmbH. Steuerlich ergeben sich erhebliche Unterschiede zur GmbH, da hier das Prinzip der Mitunternehmerschaft der Gesellschafter greift. Das Ergebnis der Gesellschaft wird untermittelbar den Gesellschaftern zugerechnet. Steuerliche Verluste aus dieser Mitunternehmerschaft (z.B. Anlaufverluste) können mit anderen positiven steuerlichen Einkünften verrechnet werden. Allerdings erfolgt laut Gesetz eine Beschränkung der Verlustzuweisungen bis zur Höhe der Kommanditeinlage.

Die Rechtsform der GmbH & Co. KGaA ist vereinfacht gesagt eine Zusammenführung einer GmbH & Co. KG mit einer KGaA. Es besteht dadurch die Möglichkeit, Anteile in der Form von Aktien an Dritte, aber auch Mitarbeiter oder Führungskräfte, auszugeben. Hier nimmt die Stellung des unbeschränkt und unbeschränkbar haftenden Komplementärs der KGaA ebenfalls eine Komplementär-GmbH & Co. ein. Anstelle einer natürlichen Person als Komplementär tritt eine juristische Person.

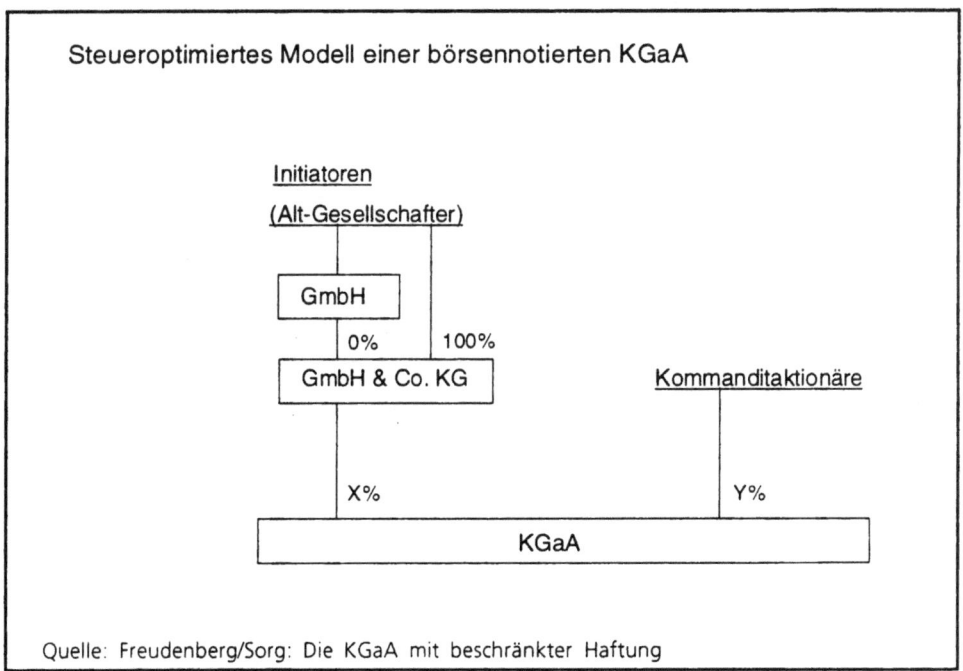

Bild 2: Die KGaA mit beschränkter Haftung

Die alleinige Einflußnahme auf die persönlich haftende GmbH steht nur den GmbH-Gesellschaftern zu. Vorteile bieten sich hier vor allem bei steuerlichen Gestaltungsmöglichkeiten und hinsichtlich des eingeschränkten Einflusses von Arbeitsnehmervertretern im Aufsichtsrat. Ebenso kann ein weitgehender Ausschluss der Einflussnahme der Kommanditaktionäre auf die Geschäftführung durch die Satzung erreicht werden.

In der Vergangenheit war die GmbH & Co. KGaA aufgrund der rechtlichen Unsicherheit bis zum BGH-Beschluß trotz der steuerlichen und einflußmäßigen Vorteile eine eher selten anzutreffende Gesellschaftsform. Beispiele diese Unternehmensform sind z.B.: effeff Fritz Fuss GmbH & Co. KGaA, emz Elektromanufaktur Zangenstein, Hanauer GmbH & Co. KGaA, Franz Hoffmann Holding GmbH & Co. KGaA, Nolte moebelindustrie Holding GmbH & Co. KGaA, Tyczka GmbH &Co. KGaA Geretsried, Willy Bogner GmbH & Co. KGaA.

Häufiger anzutreffen sind heute reine KGaAs wie Henkel KGaA, Eurokai KGaA, Lindner Holding KGaA und Merck KGaA. Eine weitere Sonderform stellt die TFG Venture Capital AG & Co. KGaA dar, bei der der persönlich haftende Gesellschafter eine Aktiengesellschaft ist. Auf diesen Spezialfall soll hier jedoch nicht weiter eingegangen werden.

1.3   Die Struktur einer GmbH & Co. KGaA

Die Organisationsstruktur besteht bei der GmbH und Co. KGaA, angelehnt an die AG, aus den Komplementären, dem Aufsichtsrat und der Hauptverhandlung. Es besteht jedoch kein Vorstand, da den Geschäftsführern der GmbH als Komplementären zwingende Geschäftsführungs- und Vertretungsbefugnis zufällt. Der Aufsichtsrat hat keinen Einfluss auf die personelle Bestimmung der Geschäftsführung. Ihm fallen lediglich Überwachungs-, Prüfungs- und Informationsrechte zu. Auch der Hauptversammlung einer KGaA kommt im Vergleich zu einer AG eine weitaus geringere Bedeutung zu. Erst bei der Vornahme von außergewöhnlichen Geschäften findet die Entscheidungsbefugnis der geschäftführenden Komplementäre, ohne Einschaltung der Kommanditaktionäre, ihre Grenzen.

Durch die Möglichkeit der Gründung einer GmbH & Co. KGaA verliert auch der bisher wichtigste Nachteil einer reinen KGaA seinen Schrecken. Nach herrschender Meinung mußte eine natürliche Person die persönliche, unbeschränkte Haftung übernehmen. Schon aus diesem Grund war dieser Rechtsform eine weite Verbreitung nicht möglich. Durch die Möglichkeit, eine juristische Person als haftenden Gesellschafter einzusetzen, kann dieses Haftungshindernis als überwunden angesehen werden. Der BGH hält vor allem die Bedenken aus Sicht des Gläubigerschutzes für unbegründet, da auch bei der GmbH & Co. KG kein persönlich haftender Gesellschafter mit seinem gesamten privaten Vermögen einsteht. Es sei heute die wirtschaftliche Bonität einer Gesellschaft von dem von den Kommanditaktionären eingebrachten Kapital abhängig; es stehe also nicht die Haftung einer natürlichen Person im Vordergrund, sondern die Kapitalausstattung und das Ansehen der Gesellschaft. Ein weiteres Argument, daß nur die unbeschränkte persönliche Haftung die Unabhängigkeit des Komplementärs von der Wahl durch den Aufsichtsrat rechtfertigt, läßt der BGH mit dem Verweis auf die Gestaltungsfreiheit der Wirtschaft nicht gelten. Auch der Hinweis auf die tatsächlich geringeren Kontrollmöglichkeiten durch die Aufsichtsgremien greift nicht. Denn, so der BGH, müsse der Gläubigerschutz in übertriebenem Maße „hinter dem Interesse der Wirtschaft, insbesondere des Mittelstandes, im Rahmen der bestehenden Gesetze ohne rechtliche Bevormundung eigenverantwortlich über die Wünschbarkeit und Zweckmäßigkeit ihrer Organisationsform entscheiden dürfen, zurückstehen".

2 Vor- und Nachteile der GmbH & Co. KGaA als Rechtsform für KMUs

2.1 Führungsstrukturen

Durch das Aktiengesetz und das HGB werden die Führungsstrukturen der KGaA klar definiert. So muss ein vertretungsbefugter Geschäftsführer immer komplementär sein; dieser ist für die laufenden Geschäfte zuständig. Die Kommanditaktionäre haben dabei kaum eine Möglichkeit der Einflussnahme auf die Geschäftsführung des Komplementärs und dessen Geschäfte. Die Kommanditaktionäre erfahren somit möglicherweise nicht einmal von einen Wechsel in der Geschäftsführung. Lediglich bei wichtigsten Entscheidungen, die nach Art und Umfang für die Gesellschaft von außerordentlicher Bedeutung sind, haben sie als Aktionäre in der Hauptversammlung ein Mitspracherecht.

2.2 Kapitalbeschaffung

2.2.1 Kapitalbedarf der KMUs

Kleine und mittlere Unternehmen sind in Deutschland die tragende Säule der Wirtschaft. Sie schaffen mehr Arbeitsplätze und entwickeln ein weitaus höheres Innovationspotential als große Konzerne. Da Wachstum und Innovation dringend notwendig sind, um am Markt erfolgreich bestehen zu können, wird immer wieder die mangelnde Eigenkapitalausstattung solcher Unternehmen beklagt. Gerade hinsichtlich der ebenfalls ständig zunehmenden Schnelligkeit der Konkurrenz werden KMUs gezwungen, ihre Ideen noch zügiger am Markt zu realisieren, was meist die Eigenkapitalresourcen des Unternehmens überfordert. Gerade in Deutschland ist die Eigenkapitalausstattung von KMUs relativ gering und daher häufig der Grund für Insolvenzen.

Die in Bild 3 dargestellte mangelnde Eigenkapitalquote ist auch darauf zurückzuführen, daß es in Deutschland ca. 800.000 GmbHs gibt, jedoch nur etwa 8000 Aktiengesellschaften, von den ca. 1000 börsennotiert sind. In diesem Vergleich ist die Zahl der KGaAs verschwindend gering.

Allein durch die Wahl der, wie dargelegt, sehr verbreiteten Gesellschaftsform der GmbH bleibt den mittelständischen Wirtschaftsunternehmen jedoch die Neuzuführung von Eigenkapital über die Börse versperrt.

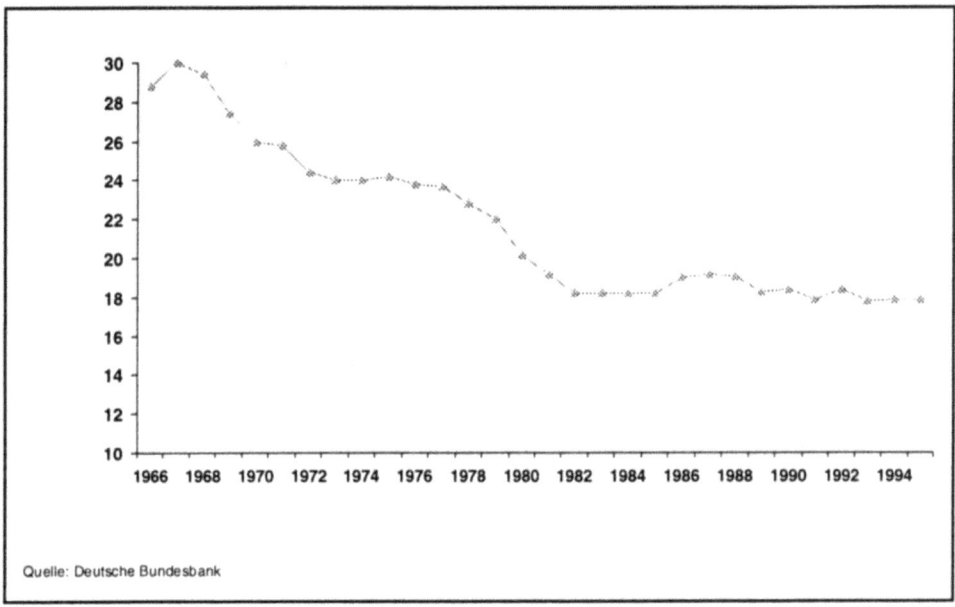

Bild 3: Entwicklung der Eigenkapitalquote deutscher Unternehmen von 1966 bis 1995

Grundsätzlich aber ist die Beschaffung von Eigenkapital nicht von der Rechtsform der Gesellschaft abhängig.

Für die Übertragung von GmbH- oder KG-Anteilen gibt es jedoch keinen Markt, da es hierzu bei einer GmbH einer notariellen Beurkundung bedarf, was einen Börsenhandel ausschließt. Zudem könnten solche Übertragungen außergewöhnlich lange dauern, bezogen auf dem Zeitpunkt des Kapitalzuflusses.

Nur Aktien bieten die notwendige Fungibilität und leichte Übertragbarkeit von Anteilen. Durch die Ausgabe von Aktien fließt dem Unternehmen verhältnismäßig schnell und unkompliziert Eigenkapital zu; hierfür ist die Rechtsform in eine AG oder KGaA jedoch zwingend notwendig, da dies die einzigen Rechtsformen sind, die Anteile in Form von Aktien verbriefen.

Zudem entsteht mit der Umwandlung in eine AG oder KGaA eine einfache Form der Aufnahme von Gesellschaftern. Ebenso kann der Ausstieg einzelner Gesellschafter erleichtert werden. Beide Sachverhalte steigern die Handlungs- und Reaktionsfähigkeit eines Unternehmens.

Viele Alteigentümer befürchten, daß Sie durch die Umwandlung ihrer Gesellschaft in eine AG und einer Verminderung ihrer Anteile einen Großteil ihrer Machtstellung im Unternehmen verlieren. Dieser Verlust von Macht und damit einhergehender Kontrollmechanismen läßt viele Unternehmenseigentümer vor der Möglichkeit des Börsengangs zurückschrecken. Gerade für diesen Kreis der Unternehmer ist die Gründung einer GmbH & Co. KGaA von Vorteil.

Die GmbH & Co. KGaA stellt bezüglich der Kombination von Kapitalbeschaffung und Unternehmenskontrolle eine Besonderheit dar: Zum einen wird ihr Eigenkapital von außen zugeführt (durch die Kommanditaktionäre), zum anderen behält der Alteigentümer eine weiterhin starke Stellung im Unternehmen als geschäftsführender Gesellschafter der haftenden Komplementär-GmbH.

Ein haftungsrechtlicher Vorteil bei der Eigenkapitalzuführung von außen ist die mögliche Diversifizierung des privaten Vermögens der Alteigentümer. Die Aktien sind an der Börse handel- und übertragbar. Bei einer ausschließlichen Finanzierung über thesaurierte Gewinne und Kreditlinien der Banken haftet der Unternehmer dagegen mit seinem gesamten Privatvermögen unbeschränkt. Dieser Nachteil wird bei der GmbH & Co. KGaA ausgeschlossen.

Ein weiterer wichtiger Aspekt ist die geringe Belastung mit Substanzsteuern (Erbschafts- und Schenkungssteuer) und die in dieser Konstruktion geltende geringere Ertragsbesteuerung (Steuersatzbegrenzung für gewerbliche Einkünfte). In den meisten Fällen aber bewirkt ein hoher Börsenwert auch eine deutliche Erhöhung der Steuerbelastung bei Übertragung durch Schenkung oder im Erbfall. Eine Reduzierung dieser Steuerlast sollte daher zwingend schon im Vorfeld berücksichtigt werden.

2.2.2 Quellen der Kapitalbeschaffung

Zunehmend setzt sich auch in Deutschland die Einsicht durch, daß sich durch die Akquisition von Eigenkapital die Basis der Geschäftstätigkeit verbreitern und Chancen am Markt verbessern lassen ohne damit zwingend den Verlust der unternehmerischen Freiheit hinnehmen zu müssen.

Es gibt jedoch verschiedene Quellen, durch die die Kapitalzuführung von außen erreicht werden kann. Einzelfallbezogen muß hieraus die für das jeweilige Unternehmen günstigste Form herausgearbeitet werden:

- Kapitalbeteiligungsfirmen: Professionelle Beteiligung an Unternehmen mit dem Ziel der Gewinnmaximierung und einem späteren Verkauf der Anteile entweder über die Börse, an ein anderes Unternehmen oder natürlich an die Alteigentümer zurück.

- Venture Capital: Beteiligung hauptsächlich an jungen, wachstumsstarken Unternehmen. Der Ausstieg erfolgt ähnlich wie bei Kapitalbeteiligungsfirmen.

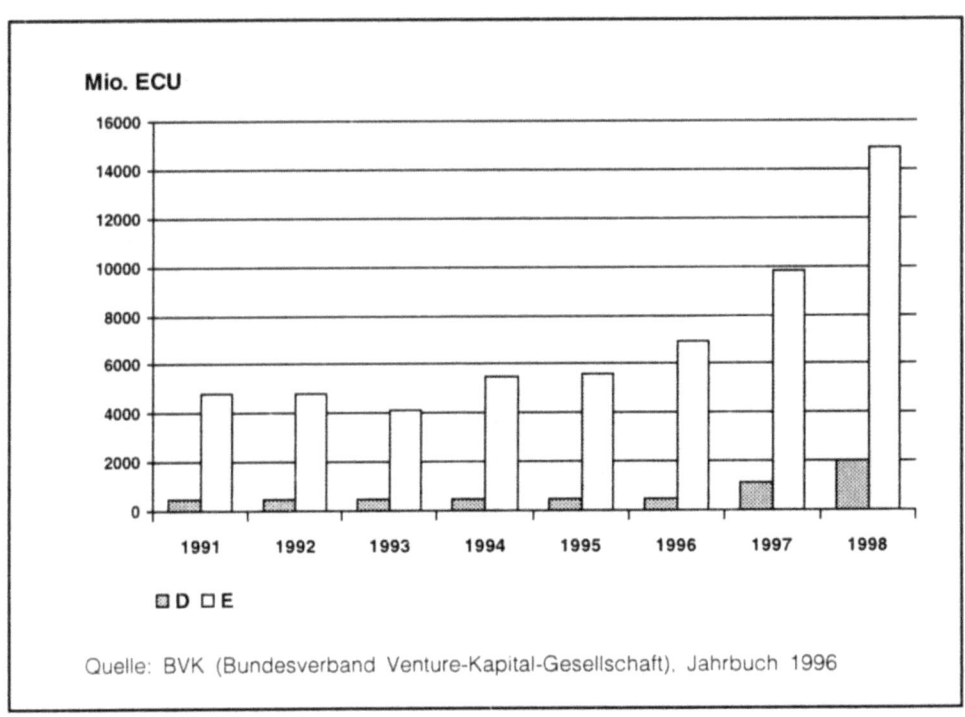

Bild 4: Venture Capital-Entwicklung in Deutschland und Europa

- Business Angels: Privatpersonen, meistens selbst erfolgreiche Unternehmer. Ziel ist die Unterstützung von Ideen und bestimmten Personen mit der Chance auf eine Diversifizierung des eigenen Anlageportfolios.

- Privatplazierungen: Aktien werden nicht im Rahmen eines Börsenganges begeben, sondern in einem nicht öffentlichen Verfahren einem nur begrenzten Personenkreis angeboten und auch plaziert.

Bei allen Finanzierungsformen ist, gleich ob es sich um Innovations-, Gründungs-, oder Wachstumsfinanzierung handelt oder um eine Eigenkapitalfinanzierung, an sich immer das Ziel der Kreis der KMUs. Daher ist es wichtig, im Rahmen der gesellschaftsrechtlichen Gestaltung eine Form zu wählen, die eine hohe Fungibilität der Anteile gewährleistet, um den notwendigen Gegenpart zu den oben aufgeführten Beteiligungsformen darzustellen.

Insbesondere die GmbH & Co. KGaA kann alle diese Anforderungen erfüllen. Durch die Aktien der KGaA ist ein problemloser und damit schneller und kostengünstiger Verkauf ohne notarielle Beurkundung wie bei einer GmbH möglich. Die meist als Inhaberaktien ausgestalteten Kommanditaktien sind durch Übergabe gegen Zahlung des Kaufpreises veräußerbar. Im Gegensatz zu einer Aktiengesellschaft ist der Einfluß des Unternehmers aber, abhängig vom Gesellschaftsvertrag, stärker, auch wenn er nicht mehr über die Mehrheit der Kommanditaktien verfügt. Durch die Form der GmbH & Co. KGaA ist dieser Vorteil im Gegensatz zur reinen KGaA möglich, ohne eine unbeschränkte Haftung als Komplementär in Kauf zu nehmen.

Zudem stellt sich beim Eintritt einer Beteiligungsfirma regelmäßig das Problem, daß durch deren Bewertung der Anteile auch für substanzsteuerliche Betrachtungen des Anteils der anderen Gesellschafter ein Drittvergleich vorliegt. Da diese Bewertung häufig über den vom Finanzamt berechneten Werten liegt, kann dies zu einer erhöhten Steuerbelastung bei einem zeitnahen Übertragungsvorgang oder früher bei der Vermögenssteuer führen. Bei der GmbH & Co. KGaA ist die Bewertung des Komplementäranteils von der Bewertung der Kommanditaktien zu unterscheiden, so daß sich dieser Nachteil für den von den bisherigen Gesellschaftern gehaltenen Komplementäranteilen nicht stellt.

Damit ist die GmbH & Co. KGaA eine aus Unternehmersicht optimale Rechtsform, um Beteiligungskapital aufzunehmen.

2.2.3 Der Börsengang der GmbH & Co. KGaA

Motive für den Börsengang:

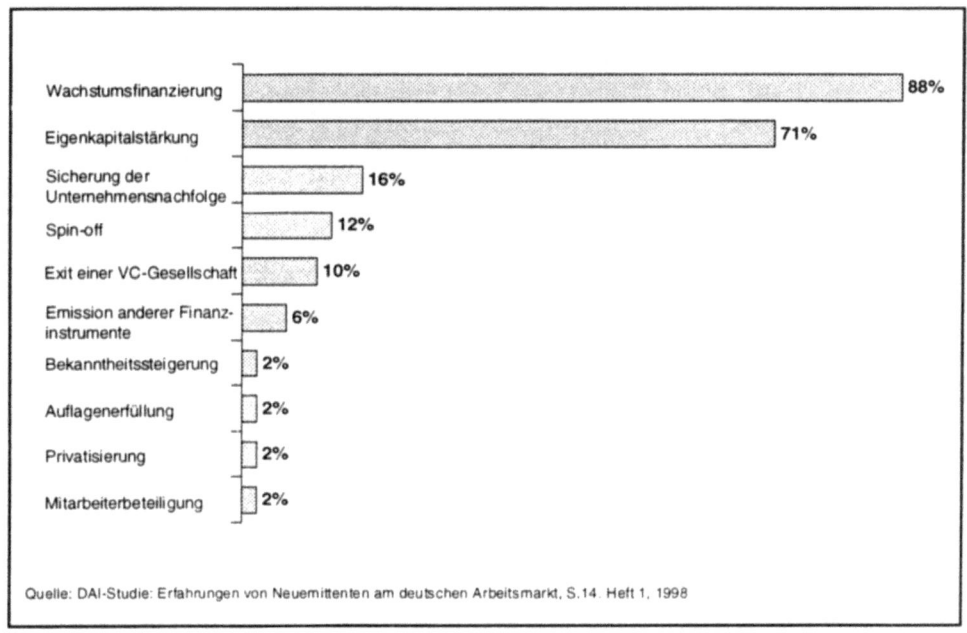

Bild 5: Motive für den Börsengang für Unternehmer

Die Teilnahme am geregelten und organisierten Kapitalmarkt ist derzeit nur für Unternehmen in der Rechtsform einer Aktiengesellschaft oder Kommanditgesellschaft auf Aktien möglich. Dies bedeutet aber auch, daß eine GmbH & Co. KGaA aus rechtlicher Sicht - zumindest für den geregelten Markt- und Freiverkehr - börsenfähig ist. Erste praktische Beispiele zeigen, daß dies auch bei Aktieninvestoren plazierbar ist, wenn auch die Anzahl der Beispiele, bedingt durch die geringe Anzahl von Gesellschaften dieser Rechtsform, noch gering ist.

Die Erhöhung der Eigenkapitalquote ist als herausragendes Merkmal bei einem Börsengang (oder einer Privatplazierung) zu sehen: nach einem erfolgten Börsengang lag die Eigenkapitalquote der Emittenten weitaus höher.

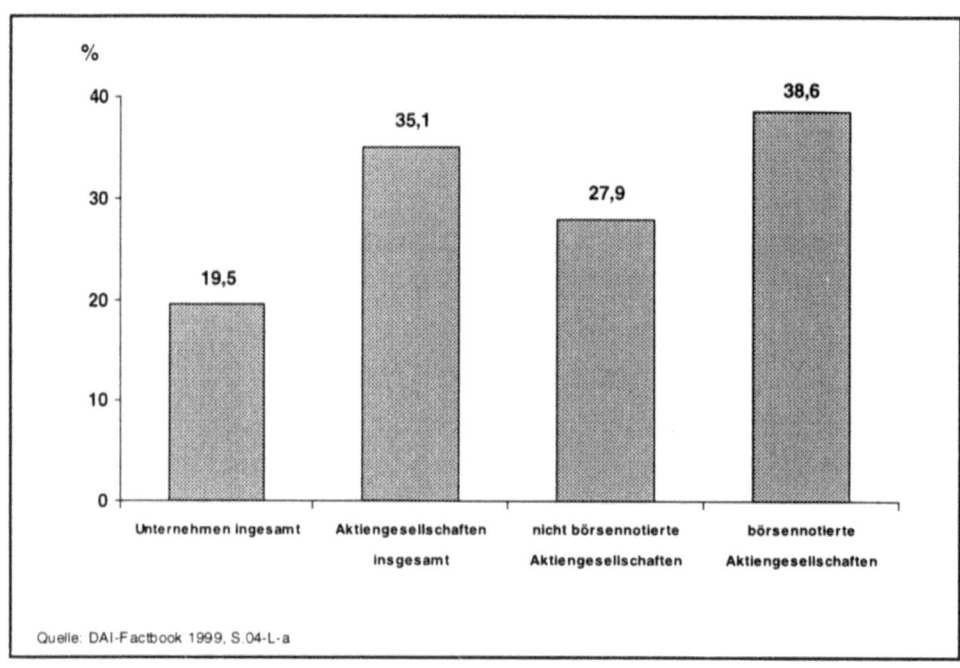

Bild 6: Eigenkapitalquoten deutscher Unternehmen

Die sich hieraus ergebenden Möglichkeiten zur zusätzlichen Aufnahme von Fremdkapital und der Begebung von Anleihen und Schuldverschreibungen, die durch Eigenkapital gedeckt sein müssen, ermöglichen neue unternehmerische Initiativen in Forschung und Entwicklung sowie bei der Erschließung neuer Märkte.

Aus den oben angeführten Gründen der verminderten Einflußnahme der Aktionäre, der geringeren Mitbestimmung des Aufsichtsrats und dem starken Einfluß der GmbH & Co.-Gesellschafter wäre aus Sicht potentieller Anleger ein Abschlag auf den Kurs oder bei der Dividendenzahlung, ähnlich wie bei Vorzugsaktionären, zu erwarten (Vorzugsaktionäre erhalten für den Wegfall ihres Stimmrechts in der Regel eine erhöhte Dividende). Dieser Aspekt ist aber zur Zeit nicht empirisch nachzuweisen (Problem: mangelnde Vergleichbarkeit von Unternehmen der gleichen Branche).

Der Gang an die Börse verlangt vom Unternehmen die Beachtung einer Vielzahl von gesetzlichen Vorschriften und Anforderungen des Kapitalmarktes. Diese Anforderungen sind für sämtliche börsengängigen Gesellschaften, also auch an die GmbH & Co. KGaA, gleich.

Publizitätspflicht
Sämtliche unternehmensrelevanten Daten und Fakten müssen veröffentlicht werden. Die Veröffentlichung eines Prospektes zum Börsengang ist gesetzlich vorgeschrieben. Während der Vorbereitung zum Börsengang muß den potentiellen Aktionären das Unternehmen dargestellt werden, um eine erfolgreiche Plazierung zu gewährleisten. Hierzu ist bei den Gesellschaftern und dem bisherigen Management auch der Wille zur Publizität dringend notwendig. Transparenz und positive Darstellung in der Öffentlichkeit entscheiden mit über das zu erlösende Eigenkapital. Je höher die Publizität ist, desto größer sind die Chancen auf eine erfolgreiche Plazierung.

Vorbereitung
Umwandlung in eine der börsengängigen Gesellschaftsformen (AG/KGaA). Hiermit verbunden ist eine gesellschafts- und steuerrechtliche sowie organisatorische Umgestaltung des Unternehmens. Die Organe (Aufsichtsrat, Hauptversammlung) müssen bestellt werden, ein Emissionskonzept muß erstellt, die Höhe des Mittelzuflusses festgelegt werden, etc.

Aufgrund der Komplexität der Thematik ist es auf jeden Fall empfehlenswert, Berater von außen einzubeziehen (Emissionsberater, Steuerberater, Wirtschaftsprüfer, Rechtsanwälte).

Nach der Erstellung des Emissionskonzeptes und der Auswahl der begleitenden Banken werden die Preisverhandlungen geführt. Auch hierbei sollte auf externe Berater nicht verzichtet werden, da diese aufgrund der Marktkenntnisse und den Kontakten zu den Banken die Situation einschätzen können.

2.2.4 Mitarbeiterbeteiligung

Qualifiziertes und motiviertes Humankapital ist ein entscheidender Erfolgsfaktor für Unternehmen der Zukunft. Gerade in der Dienstleistungsbranche sowie technologieintensiven Bereichen ist der Wettbewerb um gute Mitarbeiter sehr hoch. In vielen Fällen werden durch hohe Gehälter und sonstige Vorteile die Mitarbeiter abgeworben. Die Gewinnung und Bezahlung der richtigen Mitarbeiter ist damit in vielen Branchen ein wichtiger Wettbewerbsfaktor. Es gilt, den wichtigsten Wettbewerbsfaktor Mensch langfristig an das eigene Unternehmen zu binden.

Gerade für kleinere oder schnell wachsende Unternehmen ist die Zahlung hoher Gehälter häufig nicht möglich. Mitarbeiter können durch Eigenschaften wie Unternehmenskultur, Ansehen, Arbeitsumfeld, etc. an das Unternehmen gebunden werden. Genauso wichtig aber ist eine lukrative, erfolgsorientierte Vergütung. Die Beteiligung der Mitarbeiter am Unternehmen und damit der zukünftigen Steigerung des Unternehmenswertes stellt ein solches erfolgsversprechendes Bindungsinstrument dar.

Dabei ist zu unterscheiden in Beteiligungen mit Fremdkapital- und Eigenkapitalcharakter.

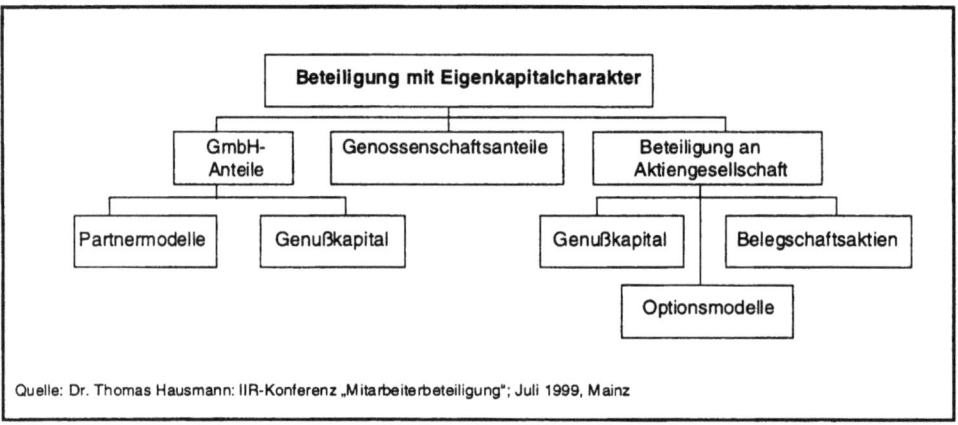

Bild 7: Mitarbeiterbeteiligungsmodelle mit Eigenkapitalcharakter

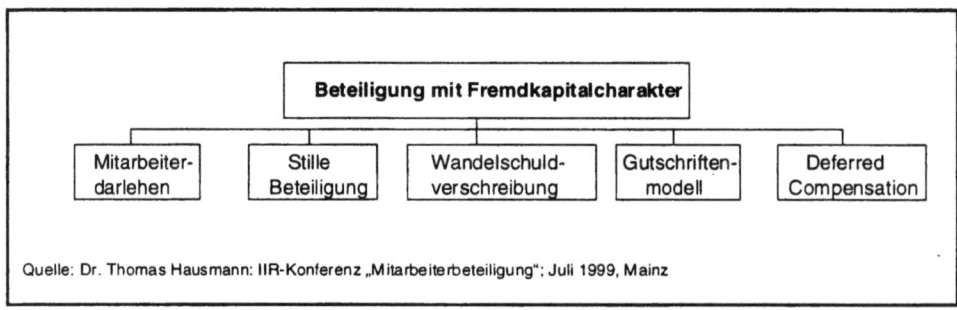

Bild 8: Mitarbeiterbeteiligungsmodelle mit Fremdkapitalcharakter

Zusätzlich muß unterschieden werden zwischen reinen Managementbeteiligungs- und breit angelegten Mitarbeiterbeteiligungsmodellen.

Das Management trifft unternehmerische Entscheidungen oder hat direkten Einfluß auf diese und damit auf die Entwicklung des Unternehmens. Es erscheint daher sinnvoll, diese Entscheidungsträger so an der Unternehmensentwicklung zu beteiligen, daß sie Chancen, aber auch Risiken der zukünftigen Unternehmensentwicklung mittragen. Eine abgesicherte, reine Erfolgsbeteiligung beinhaltet die Incentivierung des Eingehens risikoreicher Entscheidungen und damit eine Fehlmotivation der gewünschten Entscheidungen.

Im Gegensatz dazu können die Mitarbeiter des Unternehmens zwar zu seinem Erfolg beitragen, sie fällen aber keine strategischen Entscheidungen und sind damit abhängig von den Entscheidungen des Managements. Daher sind für diesen Interessentenkreis risikobegrenzende Beteiligungsmodelle sinnvoller.

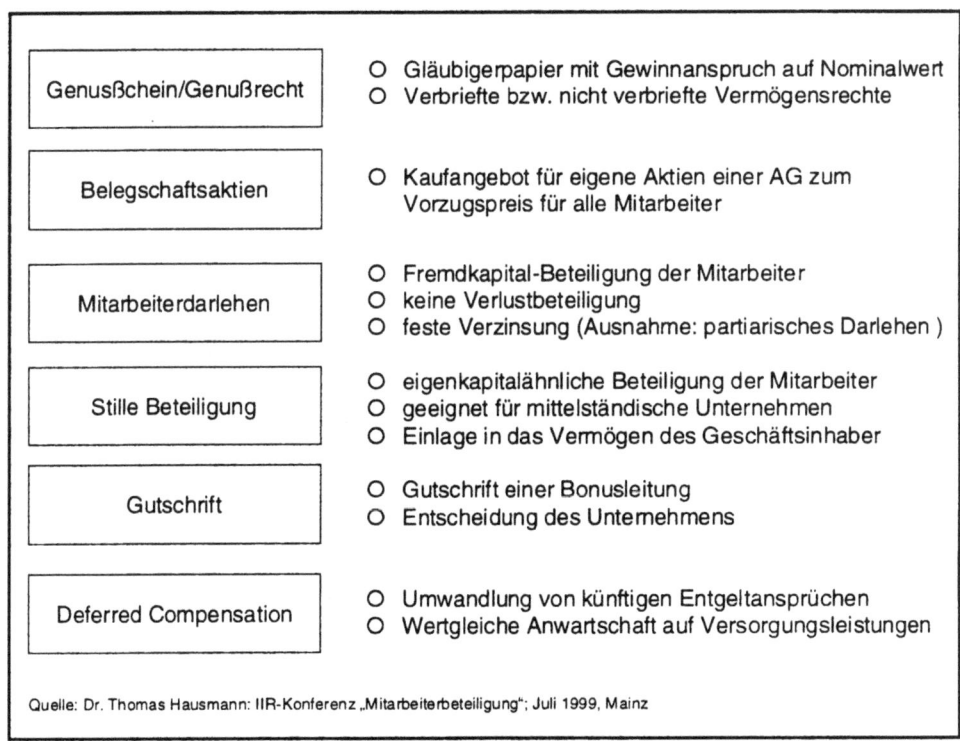

Bild 9: Arten von Mitarbeiterbeteiligungsmodellen

Zudem reichen aufgrund des niedrigeren Gehaltniveaus meistens schon entsprechend geringere Beträge aus, um eine entsprechende Motivation zu erreichen.

Die Rechtsform der GmbH & Co. KGaA bietet dazu vielfältige Möglichkeiten innovative Beteiligungsmodelle sowohl für die Managementebene als auch für alle Mitarbeiter zu implementieren, die durch die Benutzung von Kommanditaktien sowohl von der Einfachheit des Handlings als auch von der direkten Beteiligung an der Unternehmenswertsteigerung häufig anderen, komplexeren Modellen vorzuziehen sind.

Aktien
Bei dieser Variante wird den Mitarbeitern eine bestimmte Anzahl von Aktien zur Verfügung gestellt, jedoch gebunden an eine bestimmte Sperrfrist. Zusätzlich kann eine Vereinbarung der Rückübertragung der Aktien getroffen werden, wenn der Mitarbeiter vorzeitig aus dem Unternehmen ausscheidet. Die Besteuerung findet unter bestimmten Auflagen statt.

Aktienoptionen (Stock Options)
Sie beinhalten das Recht, Aktien zu bestimmten, vorher festgelegten Konditionen zu erwerben. Eine ausgewählte Gruppe von Mitarbeitern (oft die obersten zwei bis drei Hierarchiestufen) erhalten kostenlos, d.h. ohne Verzicht auf z.B. Tantieme oder Gewinnbeteiligung, das Recht, Aktien zu einem im Vorfeld festgelegten Kurs (Basispreis) zu beziehen. Aktienoptionen beinhalten das Recht, am Erfolg des Unternehmens durch die erreichten, über dem Basispreis liegenden Kursgewinne teilzunehmen. Die Mitarbeiter nehmen nicht am möglichen Verlust teil, da sie die Option bei einem Aktienkurs unter dem Basispreis wertlos verfallen lassen können. Je nach den Bedingungen in der Vereinbarung gilt eine gesetzliche Ausübungssperre von zwei Jahren. Diese Frist kann den Bedürfnissen des Unternehmens angepaßt werden.

Wandelschuldverschreibungen
Zielen auf den gleichen Mitarbeiterkreis ab wie Aktienoptionsprogramme. Das Management kann eine Wandelschuldverschreibung zeichnen, die zum Erwerb von Aktien zu einem im voraus festgelegten Kurs- und Wandelverhältnis berechtigt. Diese Anleihe wird vom Management erworben, und nicht wie bei Optionen unentgeltlich zur Verfügung gestellt. Da es sich hier um eine Anleihe handelt, wird diese (im Regelfall) verzinst. Nach einer festgelegten Sperrfrist können die Anleihen in Aktien

gewandelt werden. Auch hier besteht keine Pflicht der Wandlung, nämlich dann, wenn der Aktienkurs unter den vorher festgelegten Basispreis fällt. In diesem Fall wird die Anleihe zum Nennbetrag zurückgezahlt. Die Besteuerung findet bei der Wandlung in Aktien statt. Zusätzlich müssen die Erträge aus der Verzinsung der Anleihen versteuert werden.

Phantom Shares
Gewährt dem Management eine Zuzahlung zum Gehalt in variabler Höhe. Diese ist an die Entwicklung des Aktienkurses gekoppelt. Da es sich hier um einen variablen Gehaltsbestandteil handelt, gibt es für die Durchführung keine Restriktionen. Ebenso greifen keine aktienrechtlichen Vorgaben, wie z.B. bei Aktienoptionen, die durch Aktien im eigenen Unternehmen gedeckt sein müssen, um sie zu begeben.

3 Ist die GmbH & Co. KGaA die richtige Rechtsformwahl für ein KMU?

3.1 Was ist eine GmbH & Co. KGaA?

Eine GmbH & Co. KGaA ist eine Kommanditgesellschaft auf Aktien, bei der eine GmbH & Co. die Komplementärstellung einnimmt. Die Gesellschaftsform wurde entwickelt aufgrund der Zielsetzung, mit Hilfe einer juristischen Konstruktion eine möglichst optimale Voraussetzung für die Teilnahme am Wirtschaftsverkehr zu haben. Die Gründung einer GmbH & Co. ist dabei häufig aus steuerrechtlichen Gründen der Gründung einer reinen GmbH als Komplementärgesellschafterin vorzuziehen.

Ziel eines Unternehmers sollte es sein, für sein Unternehmen eine Gesellschaftsform zu wählen, mit der das unternehmerische Konzept möglichst optimal umgesetzt werden kann. Dabei ist es gleich, ob es sich um ein Unternehmen handelt, das erst gegründet werden soll oder bereits am Markt besteht.
Folgende Punkte könnten dabei eine Rolle spielen:

1. Einfache und schnelle Gründung sowie spätere Verwaltung in bezug auf dabei entstehende Kosten.

2. Minimierung der Haftung.

3. Sicherung der Einflußnahme auch unter dem Aspekt einer Fremdfinanzierung.

4. Steuerliche Optimierung

5. Möglichst einfache Fremdkapitalbeschaffung

6. Eventuelle Berücksichtigung einer späteren Unternehmensnachfolge.

Bereits an dieser Aufzählung kann gesehen werden, daß es schwer ist, sämtliche Punkte gleichgewichtig unter ein Gesellschaftsdach zu bringen; ohne in dem einen oder anderen Bereich nicht erwünschte Nachteile hinnehmen zu müssen.

Da sowohl die Personen- als auch Kapitalgesellschaft, je nach Ausgangslage, Vor- und Nachteile haben, hat man bereits vor Jahren gemischte Gesellschaftsformen ins Leben gerufen, um die zuvor beschriebenen steuerlichen und gesellschaftsrechtlichen Ziele zu erreichen. Angesprochen sind hierbei vor allem die Gesellschaftsformen der GmbH & Co. KG sowie der KGaA, bei denen es sich ebenfalls um Mischformen handelt.

Um sich mit der Frage auseinanderzusetzen, ob unter der neuen Rechtsform der GmbH & Co. KGaA die vorgeschriebenen Ziele umgesetzt werden können, muß man sich zwangsläufig mit den einzelnen Rechtsformen auseinandersetzen.

Neben den möglichen Bezugspunkten der Haftung, des Einflusses, der Kapitalbeschaffung und der Steuer sollte auch die Frage eines möglichen Fremdmanagements nicht außer acht gelassen werden.

Insbesondere anläßlich einer fortschreitenden Globalisierung der Märkte stellt sich gerade für mittelständische Unternehmen das Problem der Eigenkapitalausstattung als besonders groß dar. Dies trifft vor allem auf junge, innovative Unternehmen zu, die einen besonders hohen Kapitalbedarf haben. Es kommt daher häufig vor, daß der Unternehmer mehr oder weniger sein gesamtes Vermögen in das Unternehmen stecken muß, um einerseits den Kapitalbedarf decken zu können und andererseits eine bankenseits akzeptierte Finanzierung zu erhalten. Dies schafft eine besonders hohe Abhängigkeit von den Banken und eine oftmals nicht gewollte Übernahme einer persönlichen Haftung für Geschäfte des Unternehmens. Insbesondere bei den Rechtsformen der GmbH, GmbH & Co. KG sowie der KG fehlt eine flexible Möglichkeit der Kapitalbeschaffung, wie dies z. B bei Aktiengesellschaften der Fall ist. Hinzu tritt, daß die Beteiligung an diesen Gesellschaften weitaus schwerer veräußerbar ist als die Beteiligung an einer Aktiengesellschaft. In diesem Zusammenhang sei auch auf die Problematik der Aufnahme von Fremdgeschäftsführern und die Frage einer Nachfolgeregelung verwiesen. Ein befähigter Fremdmanager wird eine anspruchsvolle Aufgabe nur dann übernehmen, wenn er eigenverantwortlich entscheiden kann und nicht befürchten muß, daß sich die „Alt"-Gesellschafter in die Unternehmensleitung stets einmischen. Angesprochen ist hier die starke Weisungsabhängigkeit des Geschäftsführers von den Gesellschaftern im Verhältnis zur Weisungsunabhängigkeit des Vorstandes einer Aktiengesellschaft.

3.2 Aufbau und Struktur der GmbH & Co. KGaA - Übersicht über die bei der GmbH & Co. KGaA beteiligten Rechtsformen

3.2.1 Die Kommanditgesellschaft (KG)

Die Kommanditgesellschaft ist eine Personengesellschaft mit zwei Typen von Gesellschaftern. Mindestens einer der Gesellschafter (sog. Komplementär) übernimmt bei der KG die persönliche Haftung für die Verpflichtungen der Gesellschaft (§ 161 I HGB) und somit die Verantwortung für die Geschäfte. Der überwiegende Teil der Gesellschafter (sog. Kommanditisten) haftet hingegen lediglich in Höhe einer von ihnen in die Gesellschaft geleisteten Vermögenseinlage. Im Gegenzug sind die Kommanditisten von der Geschäftsführung (§ 164 HGB) und der Vertretung (§ 170 HGB) der Gesellschaft i.d.R. ausgeschlossen. Die Geschäftsführungsbefugnis beinhaltet die interne Zuständigkeit zur Leitung des Unternehmens; die Vertretung betrifft die Möglichkeit, im Außenverhältnis für die Gesellschaft gegenüber Dritten aufzutreten. Die Kommanditisten sind somit meistens lediglich die Geldgeber der Gesellschaft.

Gründung / Organisation	Ein / Austritt	Haftung	Einfußmöglichkeit der Gesellschafter	Fremd - Management
Gesellschaftsvertrag in privatschriftlicher Form. Inhalt : größtenteils bestimmbar durch Gesellschafter. Gesellschafterversammlung Komplementär als Geschäftsführer. Kommanditisten von der Geschäftsführung ausgeschlossen	Ein - und Austritt aus der Gesellschaft im Vertrag frei regelbar. In der Regel beschränkte Berechnung des Abfindungsanspruchs idR umständlich. Anteile können privatschriftlich übertragen werden.	Kommanditisten keine, falls Geschäftsanteil = Einlage voll einbezahlt. Komplementär haftet unbeschränkt mit gesamtem Vermögen.	unterliegt der Regelung im Gesellschaftsvertrag. idR wenig Einfluß da die Kommanditisten Geldgeber sind und nur selten selbst in der Gesellschaft mitwirken.	selten, da die Führung der Geschäfte dem Komplementär vorbehalten ist und die damit verbundene Haftung ein „Fremdmanagement" ausschließt.

Die Kommanditisten sind allerdings trotz der genannten Beschränkungen dem Grunde nach vollwertige Gesellschafter der KG. Es erfolgt bei der KG keine strikte Trennung zwischen Komplementären und Kommanditisten wie bei der AG zwischen Vorstand (Geschäftsführung) und Hauptversammlung (Anteilseignern). Im Gegensatz zu den Aktionären einer AG können insofern den Kommanditisten einer KG kraft Gesellschaftsvertrag Geschäftsführungsbefugnisse eingeräumt werden. Von der Vertretung der Gesellschaft sind die Kommanditisten aber zwingend ausgeschlossen.

3.2.2 Die Gesellschaft mit beschränkter Haftung (GmbH)

Die GmbH ist eine Kapitalgesellschaft, die als selbständige juristische Person nur mit ihrem eigenen Vermögen haftet. Zur Gründung bedarf es insofern eines Stammkapitals von mindestens 25.000.- Euro. Das GmbH-Gesetz enthält zur Bewahrung dieses zur Haftung der Gesellschaft dienenden Kapitals einer Reihe von Sicherungsmechanismen und Strafvorschriften.

Gründung / Organisation	Ein / Austritt	Haftung	Einfußmöglichkeit der Gesellschafter	Fremd - Management
Gesellschaftsvertrag in notarieller Form. Inhalt: größtenteils bestimmbar durch Gesellschfter. Gesellschafterversammlung Geschäftsführer	An / Verkauf der Anteile nur notariell, häufig eingeschränkt durch Regelungen im Gesellschaftsvertrag.	Gesellschafter keine, falls Geschäftsanteil voll einbezahlt. Gesellschaft selbst ist Haftungssubjekt. Geschäftsführerhaftung nur in besonderen Fällen.	Uneingeschränkter Einfluß auf die Geschäftsführer. Die Gesellschafter können auf die Geschäfte und Geschäftspolitik großen Einfluß nehmen.	Häufig nicht Gesellschafter als Geschäftsführer. aber: hohe Abhängigkeit des Geschäftsführers von den Gesellschaftern. häufige Folge: Schwierigkeit hochqualifizierte Manager zu finden.

Bei den Gesellschaftern der GmbH wird im Gegensatz zur KG nicht unterschieden zwischen vollhaftenden und in der Haftung beschränkten Gesellschaftern. Eine GmbH kann auch von nur einer Person als alleinigem Gesellschafter gegründet werden (sog. „Ein-Mann-GmbH"); in diesem Fall hat der Gesellschafter jedoch gem. § 7 Abs. 2 Satz 3 GmbH-Gesetz vor Eintragung der Gesellschaft in das Handelsregister die gesamte Einlage in bar zu erbringen oder dafür eine Sicherheit zu leisten.

Für die GmbH werden durch Beschluß der Gesellschafterversammlung ein oder mehrere Geschäftsführer bestimmt. Die Abgrenzung der Kompetenzen zwischen den Gesellschaftern und der Geschäftsführung ist eine Frage der Ausgestaltung des Gesellschaftsvertrages. Der Geschäftsführer der GmbH ist weisungsgebunden, d.h. er hat die Beschlüsse und Weisungen der Gesellschafter zu befolgen. Dadurch ist es den Gesellschaftern jederzeit möglich, Einfluß auf die von der Gesellschaft abzuwickelnden Geschäfte zu nehmen. Die Gesellschafter sind nicht zur Vertretung befugt, dies obliegt allein dem oder den Geschäftsführern. Die Einzelheiten der Vertretungsbefugnis der Geschäftsführer (Einzel- oder Mehrfachvertretung) kann durch Gesellschaftsvertrag oder Beschlußfassung individuell bestimmt werden.

Im Gegensatz zur AG (s.u. 3.1.3.) ist bei der GmbH ein Aufsichtsrat nicht kraft Gesetz vorgesehen, soweit das Mitbestimmungsgesetz (MitbestG 76) bzw. Betriebsverfassungsgesetz 52 (BetrVG 52) keine Anwendung findet. Bei größeren Gesellschaften kann ein solcher jedoch zur Kontrolle der Geschäftsführung jederzeit eingerichtet werden (§ 52 GmbHG).

3.2.3 Die Aktiengesellschaft (AG)

Die AG ist eine Kapitalgesellschaft. Sie haftet somit ebenso wie die GmbH nur mit ihrem eigenen Vermögen. Das Grundkapital der Gesellschaft wird jedoch im Gegensatz zum Stammkapital der GmbH in Aktien eingeteilt, die von Aktionären übernommen werden. Das Grundkapital einer AG beträgt mindestens 50.000 Euro.

Gründung / Organisation	Ein / Austritt	Haftung	Einflußmöglichkeit der Gesellschafter	Fremd - Management
Gesellschaftsvertrag in beurkundeter Form. Formstrenge, Inhalt nicht frei regelbar, nur innerhalb der Vorgaben des Aktiengesetzes 3-gliedriger Aufbau: • Hauptversammlung • Aufsichtsrat • Vorstand	Aktien idR frei übertragbar, keine notarielle Beurkundung. Zugang zum Kapitalmarkt	Keine Haftung der Aktionäre, nur das Gesellschaftskapital haftet.	Keine auf die Bestellung und Abberufung des Vorstandes, Ausnahme: Vertrauensentzug. Kein Einfluß auf Unternehmenspolitik. Recht beschränkt sich auf Bestellung des AR und Fragerecht in der Hauptversammlung.	idR Fremdmanagement

Die AG setzt sich aus den drei Organen der Gesellschaft, der Hauptversammlung, dem Aufsichtsrat und Vorstand zusammen. Bezüglich der Aufgaben und Befugnisse besteht eine strikte Trennung unter diesen Organen. Dies stellt einen wesentlichen Unterschied zu den anderen Gesellschaftsformen dar.

Die Geschäftsführung und Vertretung der Gesellschaft obliegt allein dem Vorstand (§ 78 I AktG, § 76 I AktG). Dieser wird vom Aufsichtsrat bestellt und besteht aus einem oder mehreren Mitgliedern. Der Aufsichtsrat wiederum wird von den Gesellschaftern, den Aktionären bestellt, oder, bei mitbestimmten Gesellschaften zum Teil gewählt.

Die Hauptversammlung der Aktionäre einer AG stellt die „Gesellschafterversammlung" der Gesellschaft dar. Durch sie können die Aktionäre ihre Rechte ausüben. Die Hauptversammlung beschließt gemäß § 119 AktG in den im Gesetz und im Gesellschaftsvertrag bestimmten Fällen, insbesondere über die Entlastung der Mitglieder des Vorstandes und Aufsichtsrates, Nachgründungen, Umwandlungen, Auflösung der Gesellschaft usw. Die Hauptversammlung hat keinen direkten Einfluß auf den die Geschäfte führenden Vorstand.

Der Aufsichtsrat hat als Organ der Gesellschaft vornehmlich die Aufgabe, den Vorstand zu kontrollieren. Im Gegensatz zur GmbH ist bei einer Aktiengesellschaft zwingend ein Aufsichtsrat zu bestimmen. Bei größeren Aktiengesellschaften werden von den Arbeitnehmern je nach Größe der Aktiengesellschaft 1/3 oder die Hälfte der Aufsichtsratmitglieder gestellt (Mitbestimmung nach dem Betriebsverfassungsgesetz 1952 ab 500 Arbeitnehmern oder nach dem Mitbestimmungsgesetz 1976 ab 2000 Arbeitnehmern); in der Regel werden die Mitglieder allein von der Hauptversammlung bestellt. Durch den Aufsichtsrat soll die Arbeit des Vorstandes einer sachverständigen Überprüfung unterzogen werden. Dem Aufsichtsrat obliegt die Bestellung und Abberufung des Vorstandes.

Insbesondere auch der Erlass einer Geschäftsordnung für den Vorstand sowie bestimmte Arten von Geschäften für zustimmungsbedürftig zu erklären, gemäß § 111 IV, S. 2 AktG. Darüber hinaus hat der Aufsichtsrat einen Anspruch, vom Vorstand über den Gang der Geschäfte vollinhaltlich informiert zu werden. Zudem sind dem Aufsichtsrat aufgrund des Gesetzes zur Kontrolle und Transparenz im Unternehmen (KonTraG) weitere Befugnisse, insbesondere in bezug auf die Bestellung des Abschlußprüfers der Gesellschaft, eingeräumt worden.

Im Gegensatz zu den anderen Gesellschaftsformen besteht bei der Aktiengesellschaft keine Befugnis der Gesellschafter, dem Vorstand oder dem Aufsichtsrat Weisungen zu erteilen. Bei der AG können sich die Gesellschafter nicht in die Geschäftspolitik einmischen, wie z.B. in der GmbH. Dem Aufsichtsrat steht auch nicht das Recht zu, dem Vorstand bei der Durchführung der Geschäfte „hineinzureden" oder Weisungen zu erteilen. Seine Hauptaufgabe beschränkt sich gemäß Gesetz darauf, die vom Vorstand getroffenen oder unterlassenen Maßnahmen zu überwachen, die zur ordnungsgemäßen Leitung der Gesellschaft gehören.

3.2.4 Die Kommanditgesellschaft auf Aktien (KGaA)

Bei der KGaA handelt es sich um eine gesellschaftsrechtliche Mischform durch Verbindung der Gesellschaftsformen der KG und der AG. Sie ist rechtlich kraft eigener Rechtspersönlichkeit als Kapitalgesellschaft einzuordnen. Die gesellschaftsrechtliche Mischform der KGaA ist in den §§ 278-290 AktG bereits gesetzlich normiert worden. Organisatorisch setzt sich die KGaA aus dem oder den Komplementären, der Hauptversammlung der Kommanditaktionäre und dem Aufsichtsrat zusammen.

Ebenso wie bei der KG so bestehen auch in der KGaA zwei Gruppen von Gesellschaftern (§ 278 I AktG). Zum einen haften die Komplementäre wie bei der KG unbeschränkt, d.h. auch mit ihrem Privatvermögen. Die beschränkt haftenden „Kommanditisten" (sog. Kommanditaktionäre) leisten, im Gegensatz zur KG, ihre „Einlagen" durch den Erwerb von Aktien. Bei der KGaA ist somit das Gesellschaftsvermögen, wie bei der AG, in Aktien unterteilt. Die Kommanditaktionäre haften wie bei der AG nicht persönlich. Vielmehr haftet für Schulden der Gesellschaft das Gesellschaftsvermögen, das sich aus den „Einlagen" der Kommanditaktionäre zusammensetzt. Darüber hinaus haften die Komplementäre. Durch die „eingeschränkte Haftung" der Kommanditaktionäre zeigen sich hier auch Parallelen zu den Kommanditisten der KG. Der Aufsichtsrat entspricht in Funktion und Zusammensetzung dem der AG, ohne jedoch den gleichen Einfluß zu haben, da dieser im Gegensatz zur AG nicht den „Vorstand" in Form der Komplementärin bestellen und abberufen kann.

Vereinfacht dargestellt ist eine KGaA eine „Kommanditgesellschaft", deren „Kommanditisten" ihre „Einlagen" durch den Kauf von Aktien erbringen. Das Vermögen der Gesellschaft besteht somit aus diesem Aktienpaket. Infolge dieser aktienrechtlichen Finanzierung wird die KGaA als Kapitalgesellschaft eingestuft. Die KGaA stellt eine selbständige

Gesellschaftsform dar, die rechtlich der Aktiengesellschaft nahesteht (Kapitalgesellschaft), strukturell jedoch eher über die Rechtsform der KG zu erfassen ist (Komplementäre./.Kommanditaktionäre).

3.2.5 Die GmbH & Co. KG

Ebenso wie die KGaA so stellt auch die GmbH & Co. KG eine gesellschaftsrechtliche Mischform dar, die nicht nur rechtlich anerkannt wird, sondern im Gegensatz zur KGaA auch in der Praxis wegen der gesellschaftsrechtlichen und steuerrechtlichen Gestaltungsmöglichkeiten, große Verbreitung gefunden hat.

Bei der GmbH & Co. KG handelt es sich im Gegensatz zur KGaA auch rechtlich um eine KG, somit um eine Personengesellschaft, deren Komplementär von einer GmbH gestellt wird. Die gemäß dem KG-Recht „unbeschränkte" Haftung des Komplementärs wird dadurch auf das Gesellschaftsvermögen der GmbH beschränkt, das in der Regel nicht höher als 25.000 Euro ist.

Gründung / Organisation	Ein / Austritt	Haftung	Einfußmöglichkeit der Gesellschafter	Fremd - Management
Gesellschaftsvertrag in privatschriftlicher Form. Inhalt: größtenteils bestimmbar durch die Gesellschafter. Gesellschafterversammlung Komplementär als Geschäftsführer, Kommanditisten von der Geschäftsführung ausgeschlossen.	Ein- und Austritt aus der Gesellschaft im Vertrag frei regelbar. In der Regel beschränkt. Berechnung des Abfindungsanspruchs idR umständlich.	Kommanditisten keine, falls Geschäftsanteil = Einlage voll einbezahlt. Komplementär haftet unbeschränkt mit gesamtem Vermögen; aber: der Höhe nach begrenzt auf das Stammkapital der GmbH.	Unterliegt der Regelung im Gesellschaftsvertrag. idR wenig Einfluß, da die Kommanditisten Geldgeber sind und nur selten selbst in der Gesellschaft mitwirken.	Wie bei der GmbH

3.3 Zusammenfassung

Bei Betrachtung der rechtlichen Struktur der beiden Mischformen KGaA und GmbH & Co. KG verbleiben für den Unternehmer erhebliche Schwierigkeiten, die insbesondere bei der KGaA in der Praxis eine größere Akzeptanz dieser Gesellschaftsform verhindert haben.

Während auf den Unternehmer der GmbH & Co. KG bei einer Expansion der Gesellschaft in erster Linie das Problem der Eigenmittelbeschaffung zukommt, das insbesondere durch eine aktienrechtliche Gesellschaftsform gelöst werden könnte, ergeben sich bei der KGaA eine Reihe von Nachteilen, die diese Rechtsform bisher in der Praxis unbeliebt gemacht haben.

Im folgenden sollen als „Vorstufe" der Erläuterung der „neuen" Rechtsform der GmbH & Co. KGaA die Vor- und Nachteile der KGaA skizziert werden. Im großen und ganzen können dabei die Rechtsformen der KGaA und der GmbH & Co. KG als Spiegelbilder betrachtet werden, d.h. die Nachteile der KGaA, insbesondere keine Haftungsbeschränkung entsprechen größtenteils den Vorteilen der GmbH & Co. KG, während umgekehrt gerade bei der KGaA das Eigenmittelproblem besser gelöst werden kann als bei der GmbH & Co. KG.

3.4 Die KGaA als Vergleich: Anwendbares Recht, Vor- und Nachteile

Entsprechend der rechtlichen Verbindung zwischen den Merkmalen der KG und der AG in der KGaA kommt je nach zu betrachtendem Rechtsverhältnis das einschlägige Recht der beiden Gesellschaftsformen zur Anwendung.

Insofern bestimmt das Recht der KG das Verhältnis der Komplementäre untereinander sowie deren Verhältnis zu den Kommanditaktionären und zu Dritten (§ 278 II AktG i.V.m. §§ 161 ff. HGB).

Im übrigen kommt bei der KGaA das Aktienrecht zur Anwendung (§ 278 III AktG). Dieses regelt das Verhältnis der Kommanditaktionäre untereinander und deren Verhältnis zu Dritten sowie die rechtliche Stellung des Aufsichtsrates.

Darüber hinaus enthalten die §§ 279-290 AktG spezielle Bestimmungen für den persönlich haftenden Gesellschafter, den Komplementär (§ 283 AktG), für die Hauptversammlung (§ 285 AktG) und für den Aufsichtsrat (§ 287 AktG).

3.4.1 Vorteile der KGaA

Trennung von Kapital und Führung
Im Gegensatz zur AG ermöglicht die KGaA eine schärfere Trennung zwischen den finanzierenden Gesellschaftern (Hauptversammlung und Aufsichtsrat als Kontrollorgan) und der Unternehmensführung (Komplementär).

Auch wenn bei der AG der Vorstand nicht von den übrigen Organen weisungsabhängig ist, so ergibt sich doch allein aus der Tatsache, daß der Vorstand vom Aufsichtsrat bestellt und abberufen werden kann, die Möglichkeit der Einflußnahme auf den Vorstand. Diese Möglichkeit besteht bei der KGaA aufgrund der rechtlichen Stellung der geschäftsführenden Komplementäre nicht. Infolge der Anwendung des KG-Rechts sind die Komplementäre bei der KGaA kraft Rechtsform das unternehmensleitendes Organ, das nicht abgesetzt werden kann (§§ 164, 170, 161 II i.V.m. §§ 114, 125-127 HGB). Das bedeutet in der Regel Geschäftsführungs- und Vertretungsbefugnis auf Lebenszeit.

Die Komplementäre, als geschäftsführende Gesellschafter, haben weitgehend Entscheidungsbefugnis, was auf die Kombination von Aktienrecht und Personengesellschaftsrecht (KG-Recht) zurückzuführen ist. Durch individuelle Gestaltung des Gesellschaftsvertrages kann dem für die Gesellschaft aktiv tätigen Komplementär wesentlich mehr Macht und Einfluß eingeräumt werden als dem Vorstand einer reinen Aktiengesellschaft. So ist es durchaus möglich, daß gesetzlich bestimmte Rechte der Kommanditisten, Widerspruch gegen außergewöhnliche Geschäfte einzulegen (§ 164 HGB), im Gesellschaftsvertrag einzuschränken.

Andererseits wäre es allerdings auch möglich, die Komplementäre als persönlich haftende Gesellschafter an die Weisung der Kommanditisten zu binden.

Hierin liegt auch ein grundsätzlicher Unterschied zwischen dem Recht der Personengesellschaft und dem der Kapitalgesellschaft. Bei der Personengesellschaft haben die Gesellschafter weitgehend die Möglichkeit, im Gesellschaftsvertrag von den gesetzlichen Regelungen abweichende Bestimmungen zu treffen. Man spricht in diesem Zusammenhang von dispositivem Recht.

Diese Möglichkeit besteht bei den Kapitalgesellschaften nur sehr eingeschränkt, bei der Aktiengesellschaft bestimmt das Gesetz sogar ausdrücklich, daß der Gesellschaftsvertrag von den gesetzlichen Bestimmungen des Aktiengesetzes nur dann abweichen darf, wenn das Gesetz selbst dies zuläßt (vgl. § 23 Nr. 4 AktG).

Die Einräumung von Machtbefugnissen wirkt sich allerdings dann nachteilig aus, wenn man über den Kapitalmarkt Fremdkapital sucht, das sich an der Gesellschaft beteiligen soll. Aufgrund der vom Markt geforderten Transparenz der Strukturen und Zahlen einer Gesellschaft kann es dann schwieriger sein, Kommanditaktionäre zu finden. Hier kommt es daher auf das Geschick an, den Gesellschaftsvertrag so zu formulieren, daß diese Nachteile nicht zum Tragen kommen.

Parallel zu den umfangreichen Kompetenzen der Komplementäre wird bei der KGaA neben der Hauptversammlung vor allem die Einflußmöglichkeit des Aufsichtsrat im Gegensatz zur AG erheblich eingeschränkt. Neben der „Unabsetzbarkeit" der Komplementäre kann der Aufsichtsrat diesen keine Geschäftsordnung gemäß § 77 II AktG geben. Darüber hinaus kann der Aufsichtsrat entgegen § 111 IV 2 AktG (siehe 3.2.3. zur AG) kein Zustimmungserfordernis für bestimmte Entscheidungen der Geschäftsleitung begründen (siehe dazu Hüffer, AktG, 2. Auflage, § 278, Rn.12, 15).

Einschränkung der Mitbestimmung
Nachdem im Gegensatz zum Vorstand der AG die Komplementäre der KGaA nicht vom Aufsichtrat bestimmt werden, findet insofern bei der KGaA in Personalfragen keine Mitbestimmung der Arbeitnehmer über den Aufsichtsrat statt (§§ 31 I 2 MitbestG, 84, 85 AktG). Aufgrund der geschäftsführenden Funktion der Komplementäre besteht bei der KGaA zudem keine Verpflichtung zur Bestellung eines bei der AG obligatorischen Arbeitsdirektors (§ 33 I 2 MitbestG).

3.4.2 Nachteile

Aufgrund der unbeschränkten Haftung des Komplementärs, die sich auf sein gesamtes Privatvermögen erstreckt, ergeben sich bei der KGaA erhebliche Haftungsrisiken für den Unternehmer solange er als natürliche Person die Komplementärstellung ausfüllt. Im Gegensatz zu den übrigen Kapitalgesellschaften (GmbH, AG) sieht sich der Komplementär einer unbegrenzten Haftung mit seinem Privatvermögen ausgesetzt. Desweiteren einem unter Umständen erheblich höheren persönlichen finanziellen Aufwand, falls kein Fremdkapitalzufluß vom Kapitalmarkt erfolgt.

Darüber hinaus können infolge der Leitung des Unternehmens durch eine Einzelperson erhebliche Probleme bei der Regelung der Unternehmensnachfolge entstehen. Für den Fall, daß bei der KGaA nur ein Komplementär besteht, führt der Tod desselben je nach Sachverhalt zur Auflösung der KGaA, zur Umwandlung in eine AG oder Einsetzung eines „fremden" Komplementärs.

Zudem ist der Komplementär zu Lebzeiten immer gezwungen selbst die Führung des Unternehmens zu übernehmen. Insbesondere bei einer hierarchischen Struktur ist es fast unmöglich Fremdmanager zu finden, die die Geschäfte der Gesellschaft unter „Anleitung" des Komplementärs leiten. Eine flexible Managementplanung wird somit erschwert. Es bleibt dem Unternehmer verwehrt, wie bei einer GmbH kompetente Personen als Geschäftsführer einzusetzen, die ihn bei der Leitung des Unternehmens unterstützen und dabei durch ihre Funktion als Geschäftsführer selbst einem Haftungsrisiko unterliegen.

3.5 Die GmbH & Co. KGaA

3.5.1 Allgemeines

Strukturell gilt für die GmbH & Co. KGaA dasselbe wie für die „einfache" KGaA (siehe 3.2.). Im Gegensatz zur gewöhnlichen KGaA fungiert bei dieser „Kommanditgesellschaft" lediglich eine GmbH & Co. KG als persönlich haftender Gesellschafter. Auch bei der Frage des anzuwendenden Rechts kann auf die obigen Ausführungen zur KGaA verwiesen werden (siehe 4.).

In der Praxis ist der GmbH & Co. KGaA aufgrund der bisherigen Unsicherheit der rechtlichen Zulässigkeit bisher eine noch geringe Bedeutung zugekommen als der „einfachen" KGaA. Das Interesse an dieser Rechtsform nimmt jedoch infolge der Vorteile mehr und mehr zu, was vor allem durch das neue Urteil des BGH deutlich wird (s.o. unter 1.). Nachdem im Anschluß an diese Entscheidung die Zulässigkeit der Rechtsform GmbH & Co. KGaA außer Frage steht, kann erwartet werden, daß diese Gesellschaftsform von der Wirtschaft in größerem Maße angenommen wird.

Gründung / Organisation	Ein / Austritt	Haftung	Einfußmöglichkeit der Gesellschafter	Fremd - Management
Gesellschaftsvertrag in beurkundeter Form. Inhalt: Größtenteils bestimmbar durch Gesellschafter. Aufbau wie AG: Gesellschafterversammlung, Aufsichtsrat, Vorstand in Form des Komplementärs als Geschäftsführer. Kommanditisten von der Geschäftsführung ausgeschlossen.	An- und Verkauf der Aktien im Gesellschaftsvertrag frei regelbar. Anteil frei übertragbar ohne notarielle Beurkundung. Zugang zum Kapitalmarkt möglich.	Kommanditaktionäre keine; Aktien müssen bei Übernahme bezahlt werden. Komplementärin haftet unbeschränkt mit gesamtem Vermögen; aber: der Höhe nach Begrenzt auf das Stammkapital der GmbH.	Unterliegt der Regelung im Gesellschaftsvertrag. IdR wenig Einfluß, da die Kommanditisten Geldgeber sind und der 3-gliedrige Aufbau ein Einwirken der Hauptversammlung sehr einschränkt.	Häufig, insb. wegen des geringen Einflusses der Hauptversammlung. Als Vorstand größerer Status als der eines Geschäftsführers.

3.5.2 Kerngehalt der BGH-Entscheidungen

Mit der Zulässigkeit der Rechtsform der GmbH & Co. KGaA hat sich der BGH für die Gestaltungsfreiheit von Unternehmensgründern bei der Verbindung von Personen- und Kapitalgesellschaftsrecht entschieden.

Zum Schutz der Kommanditaktionäre stellt der BGH jedoch klar, daß vom gesetzlichen Leitbild abweichende Satzungsgestaltungen zu Lasten der Anleger nicht in dem Umfang möglich sind wie bei der „einfachen" KGaA. Insbesondere kann das Widerspruchsrecht der Kommanditaktionäre für außergewöhnliche Geschäfte gemäß § 164 HGB nicht ausgeschlossen werden (siehe 3.2.4. zur „einfachen" KGaA). Darüber hinaus unterliegt die geschäftsführende GmbH als haftender Komplementär der GmbH & Co. KG einer Treuepflicht gegenüber dem Aktionären bei der Auswahl ihres eigenen Geschäftsführers.

Unter Gesichtspunkten der Transparenz ist die GmbH & Co. KGaA verpflichtet, ihre Rechtsform in der Bezeichnung des Unternehmens zum Ausdruck zu bringen (§ 19 V HGB analog). Hier wiederholt der BGH die Grundsätze, die bereits im Rahmen der GmbH & Co. KG gelten.

3.5.3 Vorteile der GmbH & Co. KGaA aus rechtlicher Sicht

Grundsätzlich kann auf die bereits genannten Vorteile, die die KGaA bietet, verwiesen werden.

Die Gesellschaftsform der GmbH & Co. KGaA bietet die größte Gestaltungsmöglichkeit zur Erzielung der vier magischen Eckpunkte: Zugang zum Kapitalmarkt, rechtliche Flexibilität, Erhaltung des Einflusses des Gründungsunternehmers und steuerliche Optimierung.

Erhaltung des Unternehmereinflusses
Der Erhalt des Einflusses des oder der Unternehmer, insbesondere bei Familienunternehmen, ist bei keiner anderen Gesellschaftsform in dem Umfang möglich, wie bei der GmbH & Co. KGaA. Die Trennung zwischen den Kapitalgebern in Form der Kommanditaktionäre und dem Unternehmer, unter Beibehaltung der Leitungsmacht, ist dabei von besonderer Bedeutung. Bei der Aktiengesellschaft wird der Vorstand zwingend vom Aufsichtsrat bestellt (§ 84 AktG), wobei dieser wiederum von der Hauptversammlung gewählt wird (§ 101 I AktG). Bei der GmbH & Co. KGaA

kann der „Geschäftsführer" in Form der Komplementärgesellschaft weder vom Aufsichtsrat bestellt noch abberufen werden. Die Überwachungstätigkeit des Aufsichtsrates ist bei der GmbH & Co. KGaA stark eingeschränkt. Dieser hat im Gegensatz zur AG nicht die gesetzlich festgelegte Kompetenz einer Geschäftsordnung für die Geschäftsführung zu erlassen, oder bestimmte Geschäfte von seiner Zustimmung abhängig zu machen. Dem Aufsichtsrat verbleibt ein reines Informations- und Prüfungsrecht (§§ 90, 101 II AktG). Der Aufsichtsrat wirkt bei der Feststellung des Jahresabschlusses nicht mit. Nach § 286 I Satz 1 AktG hat die Hauptversammlung über die Feststellung des Jahresabschlusses zu beschließen, allerdings auch wiederum mit der zur reinen Aktiengesellschaft vorhandenen Besonderheit, daß die Feststellung auch der Zustimmung des persönlich haftenden Gesellschafters, somit der GmbH & Co. KG, bedarf.

Mitbestimmung
Auch die Mitbestimmung ist von geringerer Bedeutung als bei der Aktiengesellschaft. Die Mitbestimmung ist sozusagen in dem Bereich entschärft, in dem sie insbesondere für Familienunternehmen als einschneidend empfunden wird, und zwar im Bereich der Personalkompetenz (§ 31 I Satz 2 Mitbestimmungsgesetz, §§ 84, 85 AktG sind nicht anwendbar) und bezüglich der Verpflichtung der Bestellung eines Arbeitsdirektors (§ 83 I Mitbestimmungsgesetz).

Management- und Nachfolgelösung
Während Führungskräfte bei der KGaA, aufgrund der persönlichen Haftung des Komplementärs, schwer zu finden sind, läßt sich dieses Problem durch die eingeschränkte Haftung bei der GmbH & Co. KGaA leichter lösen. Der Unternehmer, als alleiniger oder maßgeblicher Gesellschafter der Komplementär GmbH, kann neben seiner Person ohne weiteres auch Fremdmanagement in die Geschäftsführung berufen.

Ein weiterer Vorteil der GmbH & Co. KGaA zur KGaA ist, daß der persönlich haftende Gesellschafter aufgrund Todes nicht wegfallen kann, während dies bei der KGaA entweder zur Auflösung, Umwandlung in eine AG oder Übernahme der Haftung durch einen familienfremden Komplementär oder möglichen Erben führt. Auf jeden Fall tritt bei der KGaA eine Zwangssituation ein, was bei der GmbH & Co. KGaA nicht möglich ist. Nachfolgeprobleme lassen sich in diesem Zusammenhang somit ebenfalls einfacher lösen, was ins-besondere im Hinblick auf eine Kontinuität des Unternehmens, wichtig ist.

Haftungsbeschränkung
Der wohl wichtigste Vorteil dürfte die bereits angesprochene Haftungsbeschränkung sein. Durch die ansonsten persönlich unbeschränkte Haftung des Komplementärs wird diese de facto wieder eingeschränkt auf das Vermögen der GmbH als persönlich haftende Gesellschafterin der GmbH & Co. KG. Dieser bisher schwerwiegendste Nachteil der reinen KGaA, der vermutlich einer weiter verbreiteten Akzeptanz dieser Gesellschaftsform entgegenstand, ist damit aufgehoben. Insbesondere in einem Umfeld sich schnell ändernder wirtschaftlicher Bedingungen, zunehmend härter werdender Verteilungskämpfe am Markt, ist die Übernahme einer persönlichen Haftung zu vermeiden.

4 Steuerliche Aspekte

Aufgrund der sehr komplexen Mehrstufigkeit der GmbH & Co. KGaA soll die steuerliche Behandlung lediglich in ihren Umrissen skizziert werden:

4.1 Ertragssteuerliche Behandlung

Die Gewinnermittlung hinsichtlich des persönlich haftenden Komplementärs sowie der Kommanditaktionäre wird durch die zusammenfassende handelsrechtliche Bilanzierung auf der Ebene der KGaA verwirklicht.

Die Kommanditaktionäre werden nach körperschaftsteuerrechtlichen Bestimmungen einer Gewinnermittlung unterworfen.

Dagegen ermitteln die persönlich haftenden Komplementäre der KGaA ihren Gewinn als Mitunternehmer im Sinne der § 15 I Nr. 2, 3 EStG.

Gem. § 9 I Nr. 1 KStG ist bei Kommanditgesellschaften auf Aktien der Teil des Gewinns, der einen persönlich haftenden Gesellschafter, z. B. als Vergütung für die Geschäftsführung verteilt wird, eine abziehbare Aufwendung.

Die KGaA ist als Kapitalgesellschaft, unabhängig von der Art ihrer Tätigkeit, als Gewerbebetrieb anzusehen.

Die im Rahmen der Einkommensteuerberechnung gewährte Ermäßigung auf gewerbliche Einkünfte durch die Tarifbegrenzung der tariflichen Einkommensteuer wird bei einer KGaA nur auf die Gewinnanteile der Komplementäre als Begünstigung gewährt, nicht dagegen auf die Gewinne, die auf die Aktien entfallen und bei der die Aktionäre nunmehr nach der Steuerreform dem Halbeinkünfteverfahren unterliegen.

Die KGaA ist grundsätzlich als Kapitalgesellschaft unbeschränkt steuerpflichtig im Sinne des § 1 KStG. Die Gewinnermittlung auf der Ebene der Komplementärin, die selbst als GmbH & Co. KG als Personengesellschaft besteuert wird, erfolgt durch eine einheitliche und gesonderte Gewinnfeststellung hinsichtlich der Kommanditisten der GmbH & Co. KG sowie der GmbH als Komplementärin derselben.

Die GmbH als Komplementärin der GmbH & Co. KG unterliegt mit den ihr zuzurechnenden Einkünften dann wiederum den Bestimmungen des Körperschaftsteuer- und Gewerbesteuergesetzes.

Dagegen werden den Kommanditisten der GmbH & Co. KG ihre Einkünfte nach Zurechnung im Wege der einheitlichen und gesonderten Gewinnfeststellung im Bereich ihrer persönlichen Einkommensteuer (sofern es sich bei ihnen um natürliche Personen handelt) oder im Rahmen des Körperschaftsteuergesetzes (sofern es sich bei ihnen um juristische Personen handelt) zugerechnet.

Der Steuersatz für die Körperschaftsteuer beträgt ab dem Veranlagungszeitraum 2001 generell 25%, unabhängig ob eine Ausschüttung erfolgt oder Gewinne thesauriert werden. Im Falle der Ausschüttung ist der ausgeschüttete Betrag beim Aktionär nochmals, nach dem Halbeinkünfteverfahren, zu versteuern.

Zu dieser Steuerbelastung tritt die Belastung mit dem Solidaritätszuschlag noch hinzu.

Aus dieser komplexen Gestaltung der einkommensteuerlichen wie körperschaftsteuerlichen Regelungsbereiche gilt es im Einzelfall auf der Grundlage der individuellen Situation und ggf. persönlicher individueller Steuersätze ein steueroptimales Modell aufzubauen. Jedoch geben diese Bereiche die Möglichkeit, einzelnen Gesellschaftern auf der Ebene der Komplementär GmbH, auf der Ebene der Komplementär GmbH & Co. KG bzw. im Hinblick auf die Kommanditaktionäre präzise einzelne Einkunftsquellen mit den mit ihnen zusammenhängenden steuerlichen Folgen zuzuordnen. Exemplarisch sei genannt, das ggf. auf der Ebene eines Gesellschafters die Wirkung der Tarifbegrenzung für gewerbliche Einkünfte gewünscht oder empfehlenswert ist, ferner, ggf. ein körperschaftsteuerliches Anrechnungsguthaben aus der Gewinnausschüttung an den Kommanditaktionär gewünscht sein könnte.

4.2 Erbschaftssteuerliche Behandlung

Die erbschaftsteuerliche und schenkungsteuerliche Begünstigung des Erwerbs von Betriebsvermögen gem. § 13 a IV Nr. 3 ErbschaftStG umfaßt auch den Erwerb der Anteile an der KGaA als Kapitalgesellschaft. Auf die Voraussetzungen, wie Sitz der Gesellschaft im Inland, sowie Beteiligung des Erblassers oder Schenkers zu mehr als einem Viertel am Nennkapital der Gesellschaft etc. sei nur kurz hingewiesen (vgl. § 13 a ErbschaftsStG sowie Abschnitt 53 der ErbschaftSt-RL).

5 Zusammenfassung

Der BGH hat mit dem Beschluß über die Gründung und Errichtung einer GmbH & Co. KGaA eine weitere Möglichkeit für KMUs geschaffen, sich durch den Gang an die Börse Eigenkapital zu beschaffen. Ähnlich wie die Kleine AG bietet sie eine Alternative für die in Ihrer Fungibilität und Kapitalbeschaffungsmöglichkeiten stark eingeschränkten Rechtsformen der GmbH oder KG.

Die GmbH & Co. KGaA bietet vor allem den Alteigentümern und Familiengesellschaftern durch den weitestgehenden Erhalt der Einflußnahme eine gute Alternative im Vergleich zur AG oder KGaA. Das eingeschränkte Mitbestimmungsrecht der Aktionäre und das geringe Mitsprache- und Entscheidungsrecht des Aufsichtsrats sowie das Fehlen von Mitarbeitervertretung kann für viele Unternehmen Anreiz zur Wahl dieser Rechtsform sein. Ebenso ist von Interesse, daß die Substanzsteuern moderater ausfallen als bei Personengesellschaften. So ist bei Erbschaft oder Schenkung der Anteile der Komplementäre die Besteuerung nach dem (anteiligen) Einheitswert weitaus niedriger als bei einer Bewertung reiner Aktienpakete.

Aufgrund der relativ hohen rechtlichen und gesellschaftlichen Komplexität und der damit verbundenen möglichen intransparenten Publizität, muß sich die GmbH & Co. KGaA an höheren Renditen für die Aktionäre messen lassen. Durch kürzere Entscheidungswege als bei einer herkömmlichen Aktiengesellschaft können Entscheidungen schneller gefällt und Marktchancen konsequent erkannt und umgesetzt werden. Die Trennung von Unternehmensleitung und Eigentümer entfällt hier in der Regel, so daß der Erfolg des Managements auch das eigene Vermögen direkt betrifft.

6 Vergleich der Rechtsformen

GmbH & Co. KGaA	GmbH	AG
Haftung		
Komplementär haftet unbeschränkt, ist aber eine GmbH & Co.	Haftung nur mit Gesellschaftsvermögen, keine persönliche Haftung der Gesellschafter	Haftung nur mit Gesellschaftsvermögen, keine persönliche Haftung der Aktionäre (Gesellschafter)
Zugang zum Kapitalmarkt		
Möglich, jedoch mit Einschränkungen und Verlust einzelner Privilegien	kein Zugang zum Kapitalmarkt	Möglich, Verlust einzelner Privilegien
Organisationsverfassung und Führungsorganisation		
Organe: Geschäftsführung Aufsichtsrat Hauptversammlung mit weitgehend zwingender Zuständigkeitsordnung Geschäftsführer Gesellschafter mit variabler Zuständigkeitsordnung	Geschäftsführer: Gesellschafterversammlung, Aufsichtsrat, nur im Falle der Anwendung der Mitbestimmungsregelungen, ansonsten fakultativ mit variabler Zuständigkeitsordnung	Organe: Vorstand Aufsichtsrat Hauptversammlung mit weitgehend zwingender Zuständigkeitsordnung
Flexibilität der Satzungsgestaltung		
weitgehende Vertragsfreiheiten, Grenze: zwingendes GmbH-Recht; Aktiengesetz und teilweise anwendbar	weitgehend Vertragsfreiheiten Grenze: zwingendes GmbH-Recht; (flexible Gestaltung der Rechtsverhältnisse)	Abweichungen von den gesetzlichen Regelungen des Aktiengesetzes sind nur dort möglich, wo das Gesetz dies ausdrücklich zulässt (§ 23 Abs. 5 AktG) (flexible Gestaltung der Rechtsverhältnisse)

GmbH & Co. KGaA	GmbH	AG

Rechnungslegung, Prüfung, Publizität

Rechnungslegung §§238ff. HGB Publizität nach PublG: bei großen Unternehmen	Rechnungslegung und Publizität nach Größenmerkmalen (§§ 238ff., 264ff. HGB)	Rechnungslegung und Publizität nach Größenmerkmalen (§§ 238ff., 264ff. HGB)

Mitbestimmung

Mitbestimmung der Arbeitnehmer im Aufsichtsrat nach BetrVG 1952 und Mitbestimmungsgesetz 1976 in Abhängigkeit von der Anzahl der Arbeitnehmer	Mitbestimmung der Arbeitnehmer im Aufsichtsrat nach BetrVG 1952 und Mitbestimmungsgesetz in Abhängigkeit von der Anzahl der Arbeitnehmer GmbH mit weniger als 500 Mitarbeitern mitbestimmungsfrei. Keine Mitbestimmung der Arbeitnehmer im Aufsichtsrat bei Personalfragen und Bestellung/ Abberufung der Geschäftsführung Betriebsverfassungsrechtliche Mitbestimmung nach BetrVG 1972	Mitbestimmung der Arbeitnehmer im Aufsichtsrat nach BetrVG 1952 und Mitbestimmungsgesetz in Abhängigkeit von der Anzahl der Arbeitnehmer AG mit weniger als 500 Mitarbeiter mitbestimmungsfrei Betriebsverfassungsrechtliche Mitbestimmung nach BetrVG 1972

Anteilsübertragung

Aktien formlose Veräußerbarkeit als Vorteil bei Verkauf, Generationenwechsel, Erbauseinandersetzung GmbH-Anteile: Übertragung nur durch notariellen Abtretungsvertrag unter Mitwirkung der übrigen Gesellschafter	Übertragung der Geschäftsanteile durch notariellen Abtretungsvertrag	formlose Veräußerbarkeit der Aktien als Vorteil bei Verkauf, Generationenwechsel, Erbauseinandersetzung

| GmbH & Co. KGaA | GmbH | AG |

Image

| Noch vergleichsweise geringes Ansehen | Vergleichsweise geringes Ansehen | Hohe Imagevorteile |

Aufwand und Kosten

| Höherer Verwaltungsaufwand, da mehrere Gesellschaftsformen zusammen | Aufwand vergleichsweise gering | Hoher Aufwand durch Vorschriften und festgelegte Abläufe (z.B. Hauptversammlung) |

Formstrenge

| geringere Formstrenge bei GmbH als bei AG | geringere Formstrenge als bei AG | Formstrenge nach AktG nach § 23 Abs. 3 AktG |

Literaturverzeichnis

Bundesverband Deutscher Venture-Capital-Gesellschaften e.V. (BVK), Jahrbuch 1998, Berlin

DAI-Factbook 1999, Deutsches Aktieninstitut, Frankfurt am Main, 1999

DAI-Studie: „Erfahrungen von Neuemittenten am deutschen Aktienmarkt", Frankfurt am Main, 1998

Deutsche Börse AG: www.neuer-markt.de

Deutsche Bundesbank, Frankfurt am Main

Dr. Günter Leopold: Venture Capital - Das Eigenkapitalgeschäft mit kleinen und mittleren Unternehmen; DStR 11/99, S. 470-476

Dr. Wieselhuber & Partner: Börseneinführung mit Erfolg, Wiesbaden, Gabler Verlag, 1996

Freudenberg/Sorg: Die KGaA mit beschränkter Haftung (GmbH & Co.KGaA), Heidelberger Musterverträge, Verlag Recht und Wirtschaft GmbH, Heidelberg, 1999

Hausmann, Dr. Thomas: IIR-Konferenz „Mitarbeiterbeteiligung"; Vortrag: „Mitarbeiterbeteiligungsmodelle im Kontext der Total Compensation", 13. und 14. Juli 1999, Mainz

Hommelhoff, Prof. Dr. Peter: Die GmbH&CoKGaA nach dem Beschluß BGHZ 134, 392, Verlag Recht und Wirtschaft GmbH, Heidelberg

Industrie- und Handelskammer zu Berlin: Steuerlicher Wegweiser für Unternehmensgründer, 5. aktualisierte Auflage, Berlin, 1998

König, Prof. Dr.: Handelsrecht I, Fachhochschule Würzburg, 1977

McKinsey & Co: www.quality-search.de

Motte, Frank und Ladwig, Peter: Die kleine AG, RKW, Eschborn, 1998

Motte, Frank und Ladwig, Peter: Die Kommanditgesellschaft auf Aktien -
Eine Alternative für börsenwillige mittelständische Unternehmen? DStR
20/96 und 21/96, Verlag C.H. Beck München und Frankfurt a.M., 1996

o.V.: Informationsservice Allgemeine Kredit, Mainz

Obst, Dr. Georg: Geld-, Bank- und Börsenwesen, Seite 444, 1937

Obst, Dr. Georg: Das Buch des Kaufmanns, Band II, Seite 32, 1922

Rosen, Prof. Dr. Rüdiger von, Geschäftsführendes Vorstandsmitglied
Deutsches Aktieninstitut e.V.; Aktienoptionen für Führungskräfte
und Insiderrecht, Gastkommentar in: WertpapierMitteilungen,
36/1998, S. 1810

Rosen, Prof. Dr. Rüdiger von (Hrsg.): Erfahrungen von Neuemittenten am
deutschen Aktienmarkt 1998; Ergebnisse einer Umfrage, Studien des
Deutschen Aktieninstituts, Heft 8, Frankfurt am Main, September 1999

ProService
Den Wettbewerb aktiv gestalten
Ein Leitfaden für Unternehmen zum Ausbau produktbegleitender Dienstleistungen

1999. RKW/VDMA. 114 Seiten A4,
zahlreiche Abbildungen, 70,- DM
RKW-Bestell-Nr. 51200

Der Kerngedanke ist einfach: Mit Produkten alleine lassen sich Kundenprobleme oft nur unzureichend lösen. Vielmehr bedarf es der Ergänzung mit Dienstleistungen, um komplexe Aufgabenstellungen effizient zu bearbeiten. Damit erhöht sich für den Kunden der Produktnutzen. Dienstleistungen rund um das Produkt bieten aber nicht nur dem Kunden Vorteile, sondern auch Herstellern von Produkten eröffnen sie neue Chancen. Der Preiskonkurrenz kann so ein überzeugendes Leistungsangebot entgegengesetzt werden. Dienstleistungen bieten zudem Gewinnmargen, die im Sachgutgeschäft schon lange nicht mehr erreicht werden können. Sie vermitteln einen engen Kontakt zu den Wünschen der Kunden und geben der Produktinnovation wichtige Impulse. Voraussetzung dafür ist allerdings, daß die Dienstleistung als „Paket" in Verbindung mit dem Produkt entwickelt, dargestellt und erbracht wird.

Es geht also um produktbegleitende Dienstleistungen, die von Herstellern ergänzend angeboten werden. Es geht um ProService – dies bedeutet sowohl „pro produktbegleitende Dienstleistung" als auch Produkt und Service als integriertes Leistungspaket.

In diesem Leitfaden geben folgende Firmen ihre Erfahrungen weiter: ecotech Hunger, Umwelttechnik, Dresden; HGS Hirschfelder Greifer- und Stahlbau, Hirschfelde; KÜMA Werkzeugmaschinenfabrik, Ketsch; Lindenmann Maschinenbau KG Blaustein-Arnegg; Sächsische Bühnen-, Förderanlagen- und Stahlbau GmbH, Dresden; Schaufler Werkzeugbau, Laichingen und Scherzinger Pumpenfabrik, Furtwangen.

Die Firmenbeiträge gehen differenziert auf die Chancen ein, aber auch auf die Schwierigkeiten bei der Einführung produktbegleitender Dienstleistungen in ihren Unternehmen. Kleine und mittlere Unternehmen des verarbeitenden Gewerbes, die sich für eine Ausweitung ihres Dienstleistungsangebotes interessieren, erhalten hier wertvolle Erkenntnisse und Tips.

**RKW-Verlag, Postfach 5867, 65733 Eschborn
Tel. 06196/495-332, Fax 06196/495-300**

Printed by Libri Plureos GmbH
in Hamburg, Germany